GABIGOL
A FORÇA DE UM GUERREIRO

PiXel

Copyright © 2020 Gabriel Barbosa "Gabigol"
© 2020 by Editora Nova Fronteira Participações S.A.

Direitos de edição da obra em língua portuguesa no Brasil adquiridos pela Pixel, selo da EDITORA NOVA FRONTEIRA PARTICIPAÇÕES S.A. Todos os direitos reservados. Nenhuma parte desta obra pode ser apropriada e estocada em sistema de banco de dados ou processo similar, em qualquer forma ou meio, seja eletrônico, de fotocópia, gravação etc., sem a permissão do detentor do copirraite.

Editora Nova Fronteira Participações S.A.
Rua Candelária, 60 – 7º andar – Centro
Rio de Janeiro – RJ – CEP: 20091-020
Tel.: (21) 3882-8300

PIXEL

Diretoria: Jorge Carneiro e Rogério Ventura

Direção Editorial: Daniele Cajueiro

Coordenação Editorial: Eliana Rinaldi

Edição: Jefferson Peres

Equipe Editorial: Débora Justiniano, Islaine Lemos e Maria Flavia dos Reis

Gerência de Produção: Adriana Torres

Projeto Gráfico e Diagramação: Camila Cortez

Ficha catalográfica elaborada pela bibliotecária
Tatiana D'Almeida – CRB 7022

G113
    Gabigol : a força de um guerreiro : histórias e curiosidades sobre o ídolo do Flamengo. Rio de Janeiro : Pixel, 2020.
    64 p.; il.; 22 x 31 cm

    ISBN: 9786581349332

    1.Almanaque futebolístico. 2. Futebol. 3. Flamengo. 4. Personalidades.

                                                CDD 796.332

Oi!

Aqui é o Gabigolzinho!

Preparamos um livrão especial para você que é fã declarado do Gabigol! Aqui você encontrará tudo aquilo que um torcedor fanático gostaria de saber sobre seu ídolo e poderá conhecer cada detalhe da trajetória do craque, incluindo curiosidades que ninguém conta por aí.

O livrão traz ainda um acervo enorme de fotos exclusivas, jogos, pôsteres, entrevistas e muito mais!

Aproveite!

PERFIL

Nome
Gabriel Barbosa Almeida

Data de nascimento
30/8/1996

Altura
1,78 m

Pé de preferência
Esquerdo

Posição
Centroavante/Ponta-direita

Número da camisa
9

Cidade onde nasceu
São Bernardo do Campo (SP)

Time de infância
Santos

Clubes profissionais que defendeu
Santos, Inter de Milão, Benfica e Flamengo

O que mais gosta de fazer nas horas vagas
Ouvir música

Estilo de música favorito
Rap

Desenho favorito na infância
Dragon Ball Z

Alguma coleção
Não coleciono, mas tenho muitos pares de tênis

Comida favorita
Arroz, feijão, bife e batata frita

Maior ídolo no futebol
Cristiano Ronaldo

Maior sonho
Ser pai

Ritual antes de entrar em campo
Sempre rezo sozinho e gosto de ser o último a entrar em campo.

GABIGOLZINHO

Adorado pelas crianças de todo o país, nosso craque não poderia deixar de ter uma versão em desenho, não é mesmo?

O Gabigolzinho foi criado em 2020, estreando no **Flamiguinhos**, um canal do Flamengo voltado para o público infantil.

APONTE A CÂMERA DO SEU CELULAR PARA LER O QR CODE E ASSISTIR AO VÍDEO.

Que tal você também entrar nesse mundo divertido dos desenhos e **criar uma imagem sua** ao lado do Gabigolzinho?

Pinte o desenho com cores bem vivas!

Desenhe você aqui

E não é só isso! Ao longo do livro você encontrará mais imagens do craque Gabigolzinho para colorir.

ORIGENS

DE SÃO BERNARDO PARA O MUNDO

Criado no Montanhão, na periferia de São Bernardo do Campo (SP), Gabigol já demonstrava talento para o futebol desde muito cedo! Sua maior diversão era jogar bola com os colegas no campinho de terra do bairro em que morava.

Nessa época, quem passava e via Gabigol se destacando entre os garotos mais velhos, logo comentava sobre o talento dele. Até que alguém sugeriu ao seu pai, Valdemir, que o levasse a uma escolinha de futebol.

Assim, aos 4 anos, Gabigol entrava para a sua primeira escolinha de futsal.

> O futsal me ajudou a pensar no espaço curto, a fazer jogadas rápidas.

O INÍCIO NO FUTSAL

Dois anos mais tarde, Gabigol viu surgir sua primeira grande oportunidade: uma peneira para ingressar no time de futsal do São Paulo. Como toda peneira feita por um grande clube, essa contou com milhares de inscritos. São crianças que compartilham do mesmo sonho de virarem jogadores profissionais e competem por pouquíssimas vagas. Nessa ocasião, apenas dois garotos foram aprovados: Gabigol era um deles.

A família comemorou muito a notícia, mas havia um problema: o São Paulo dava uma ajuda de custo para que Gabigol chegasse ao clube no valor de duas passagens de ônibus por dia, mas, para ir de sua casa até lá, ele precisava pegar três conduções. De origem humilde, sua família não conseguiria pagar todas as passagens necessárias por mês.

Para conseguir frequentar todos os treinos, Gabigol teria, então, que andar diariamente um longo trajeto a pé.

Treinamentos em clubes de futebol envolvem muitos exercícios e são bem cansativos. Ter de andar por vários quilômetros, antes e depois de fazer tanto esforço, era demais para uma criança de 6 anos, como Gabigol à época. Por isso, seu pai o ajudava, carregando-o nos ombros. Tudo para que Gabigol não perdesse um dia de treinamento.

[continua...]

LABIRINTO

NÍVEL: MÉDIO

Mesmo com as adversidades, Gabigol sempre deu o melhor de si, treinando bastante. Resolva o labirinto e ajude o craque a chegar até o gol passando por todas as bolas no caminho.

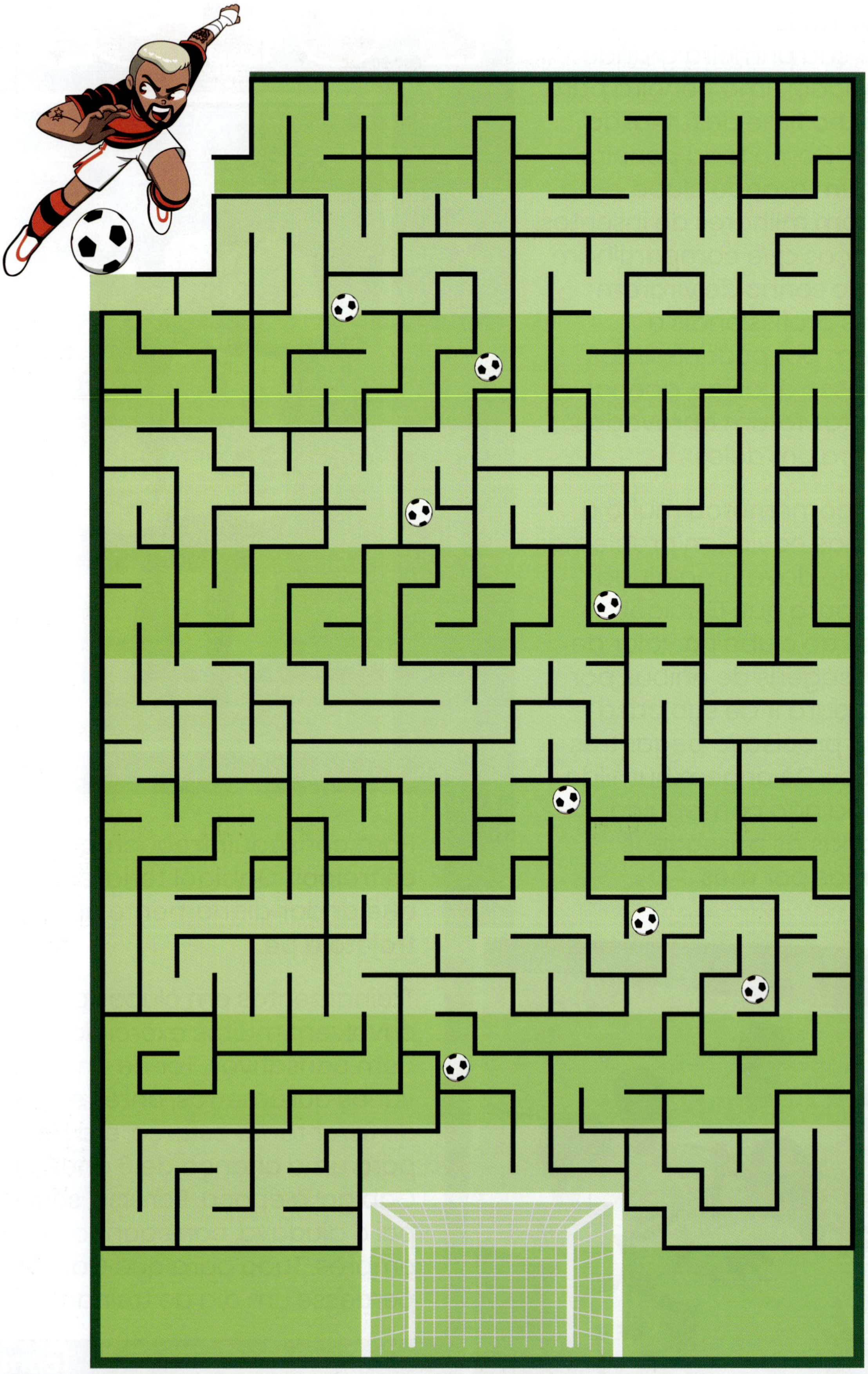

DIRETA

Prove que você é um grande fã do Gabigol e resolva a direta abaixo com informações sobre a carreira do atacante.

3/aid – arm – rec. 4/aqui. 5/ativo – temor.

ACHA-PALAVRA

Um bom artilheiro vive de grandes gols! Tente descobrir quantas vezes a palavra GABIGOL aparece no diagrama abaixo.

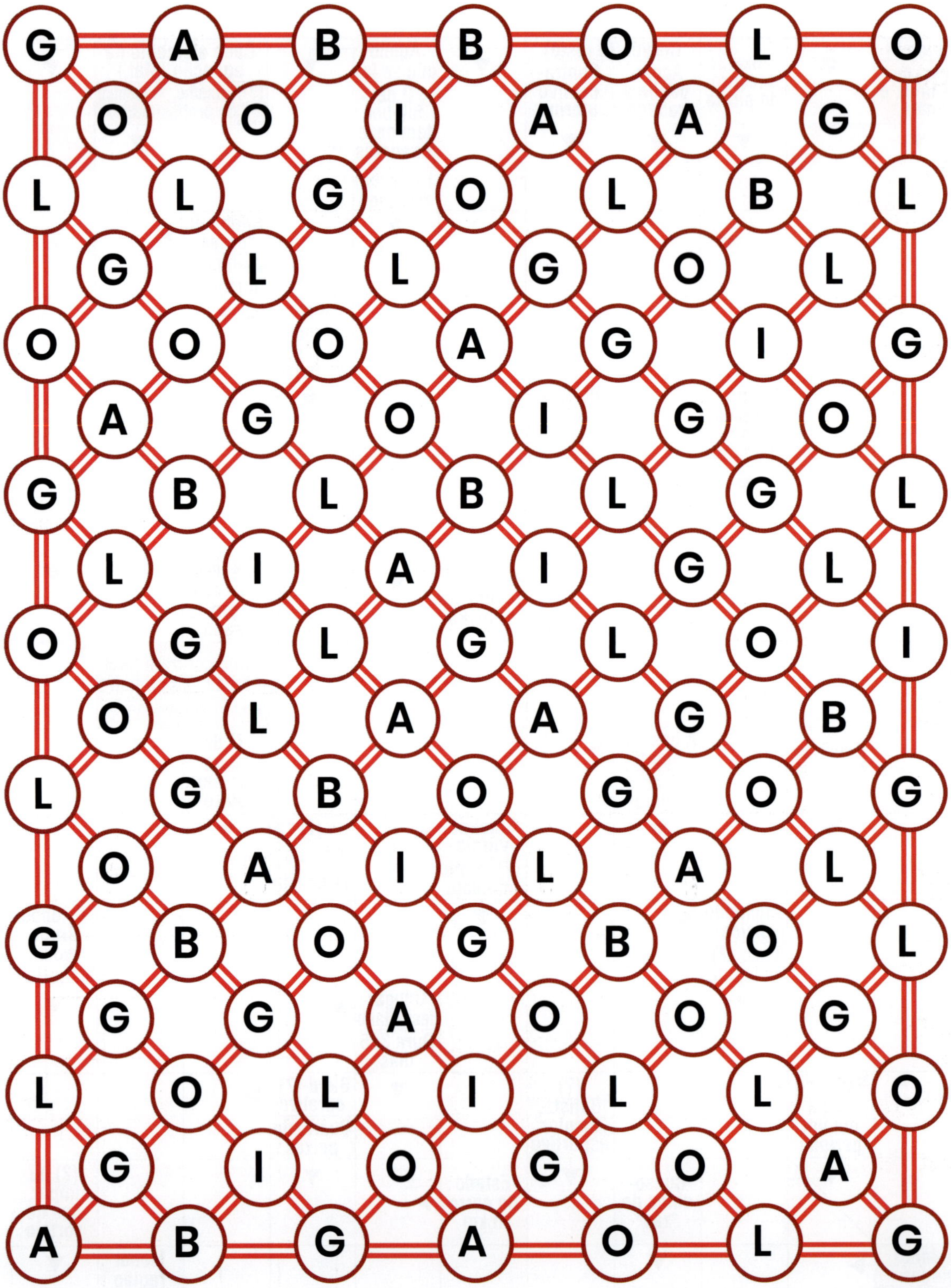

A palavra **GABIGOL** aparece ☐ vezes.

DOMINOX

NÍVEL: MÉDIO

Ao longo da carreira, Gabigol teve diversos treinadores. Cada um deles ajudou o craque a aprimorar sua técnica. Muito interessado e esforçado, Gabigol está sempre buscando melhorar!

Preencha o diagrama, respeitando os cruzamentos, com as palavras em destaque.

4 letras
ABEL Braga
CUCA
Frank de **BOER**
JAIR Ventura
TITE

5 letras
DUNGA
LEVIR Culpi

7 letras
Domènec **TORRENT**
DORIVAL Júnior
Enderson **MOREIRA**
Muricy **RAMALHO**
ROGÉRIO Micale
Rui **VITÓRIA**
STEFANO Pioli

8 letras
Oswaldo de ~~OLIVEIRA~~

11 letras
JORGE*JESUS

JOGO DOS ERROS

NÍVEL: FÁCIL

Procure e marque as SETE diferenças entre as imagens.

CAÇA-PALAVRA

Procure e marque, no diagrama de letras, as palavras da relação abaixo.

ARTILHEIRO	~~CAMPEONATO~~	GOLEADOR
ATACANTE	CHUTE	ÍDOLO
CABECEIO	CRAQUE	SELEÇÃO
CAMPEÃO	FUTEBOL	TORCIDA

N M D E F S O I O S O L E I E O U B M S Y F
T T O H R E T A I R **CAMPEONATO** O N
O L A E M L I N M L N I H R I N F R I T I C
R O F U T E B O L C N L I I F R C C M T N A
C R F M L Ç M N E R L M A I G S H A C B E B
I M M F G Ã L U M N C E N G S H U H A A N E
D O A F O O I G I Y N R C A G Y T R T T L C
A A R G E O O E A I H H A N R T E O O A N E
E O T L A M G G T G L C M Q O I E N M C B I
D T I I C R C F A T N N E F U E L R I L M O
F R L H M Y R A C L N D E F R E O M C N I H
H A H O G O L E A D O R F N S O E I A R A L
H E E F A M H S N A R H O E I D R R M F S Y
E L I A A N D T T T D S E F R L E H P B T A
I M R H S I R D E N I I D O L O I C E R D O
A N O C O R C R C R L E A I L N B N Ã H G L
A D I E V   E M T N C D R M O H I C
I E L E   I N F Y R I I I O O
C N I C   L C F Y T D T M D
H Y B H   T A A O A E N T L
A M I I   T O T U E D D E

ROTINA DE ATLETA

A rotina de um jogador profissional envolve uma série de tarefas e cuidados especiais. Para manter a boa performance em campo, é preciso ter muita disciplina fora dele, dormindo e acordando sempre no mesmo horário, fazendo todas as refeições corretamente com um cardápio balanceado e treinando intensamente acompanhado de profissionais.

Confira um pouco sobre o dia a dia do Gabigol.

- [ ] 7H: ACORDAR E TOMAR BANHO
- [ ] 8H30: CHEGAR NO CT DO FLAMENGO E TOMAR CAFÉ DA MANHÃ
- [ ] 9H: FISIOTERAPIA E ACADEMIA
- [ ] 10H ÀS 13H30: TREINO COM PAUSA PARA O ALMOÇO
- [ ] 14H: SAIR DO CT E VOLTAR PARA CASA
- [ ] 15H: HORÁRIO LIVRE
- [ ] 16H: LANCHAR
- [ ] 17H: ACADEMIA E FISIOTERAPIA
- [ ] 20H: JANTAR
- [ ] 22H: DORMIR

> Eu me formei. Estudei até quando já era profissional. Saía dos treinos, no Santos, e ia pra escola.

Que tal você entrar no ritmo de atleta e começar a organizar sua rotina também?

Com horários bem definidos, conseguimos aproveitar melhor o nosso tempo e sobra mais espaço para brincar depois dos compromissos.

Comece preenchendo a tabela com os horários da escola. Lembre-se de separar uma hora do dia para fazer os deveres e estudar. Fazendo isso sempre na mesma hora, você acaba se acostumando e fica com menos preguiça. Defina um horário para as quatro refeições do dia (café da manhã, almoço, lanche e jantar). A partir daí, determine o melhor horário para dormir, sabendo que o ideal são oito horas de sono diárias. Separe um tempinho para fazer exercícios físicos – vale correr, jogar bola, dançar, nadar ou qualquer coisa que mexa o corpo. Ao final, claro, não se esqueça de anotar um horário livre, para você brincar e fazer o que quiser, o que também é muito importante!

	SEGUNDA-FEIRA	TERÇA-FEIRA	QUARTA-FEIRA	QUINTA-FEIRA	SEXTA-FEIRA

ORIGENS
SANTOS

Gabigol se destacava no futsal do São Paulo. Certa vez, em uma partida do campeonato estadual contra o Santos, seu time ganhou de 6 a 1 e todos os 6 gols foram feitos pelo jovem craque. Zito, que trabalhava nas categorias de base do Santos, estava presente nesse jogo e foi direto falar com os pais do Gabigol. Ele queria levá-lo para a Vila Belmiro.

Os pais de Gabigol, que são torcedores do Santos, ficaram encantados com a proposta, mas não tinham condições financeiras para fazer uma mudança de cidade. Zito ofereceu, então, uma ajuda de custo e uma moradia para que a família ficasse perto do centro de treinamento. Dessa forma, Valdemir e Lindalva não pensaram duas vezes: arrumaram as malas e se mudaram com Gabigol e Dhiovanna para a cidade de Santos.

PROFISSIONAL

Acostumado a jogar entre as crianças mais velhas no campinho do bairro, Gabigol logo se adaptou ao ambiente do novo clube. Com 8 anos de idade, ele treinava entre meninos de 11. E assim seguiu sua jornada até os times profissionais, em que se tornou, com 16 anos e 9 meses, o terceiro jogador mais jovem da história a estrear com a camisa do Santos em partida oficial, atrás somente dos ídolos Coutinho e Pelé. O jogo foi um Santos x Flamengo, disputado no estádio Mané Garrincha, em Brasília, válido pelo Campeonato Brasileiro de 2013.

A essa altura, Gabigol já era tido como uma jovem promessa pelo clube o acumulava passagens pelas seleções de base.

Seu primeiro gol como profissional aconteceu naquele mesmo ano. Gabigol marcou o único gol da vitória do Santos sobre o Grêmio no jogo de ida das oitavas de final da Copa do Brasil. O curioso dessa história é que, a princípio, ele não estava relacionado para a partida. O titular da vaga, Victor Andrade, teve de ser cortado de última hora. O jovem craque, que tinha ido ao estádio para assistir ao jogo, foi chamado às pressas ao vestiário. Como não estava esperando por isso, nem chuteira tinha levado. Acabou entrando em campo com um par de chuteiras emprestado e, mesmo assim, foi o grande nome da partida.

TRIANGULAÇÃO

O futebol moderno exige, além de velocidade, muita técnica com a bola no pé por parte de todos os jogadores.

Você seria capaz de encontrar o único caminho até o gol, partindo do goleiro e passando por todos os jogadores do time de amarelo apenas uma vez?

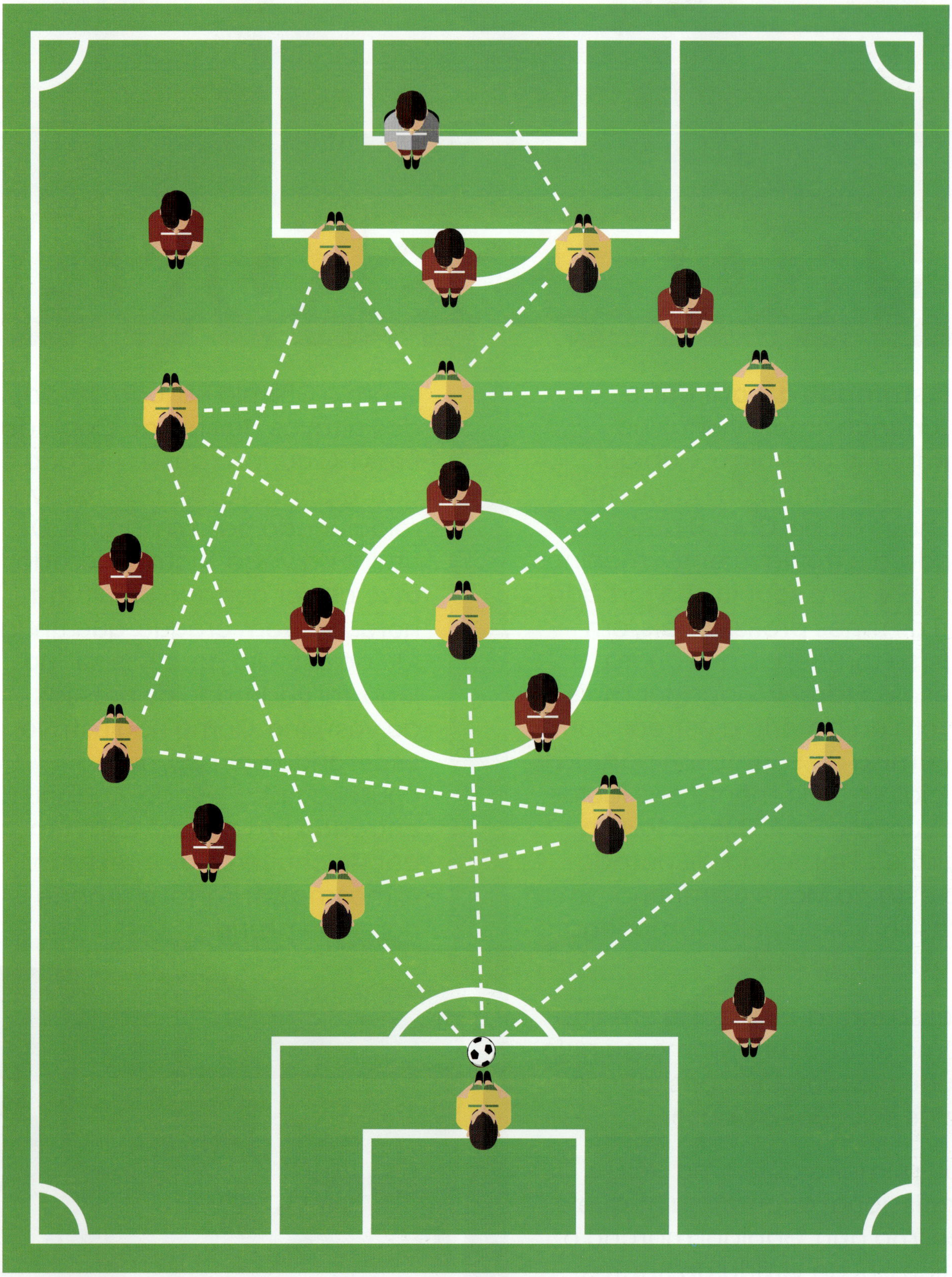

NÍVEL: **FÁCIL**

EMBARALHADAS

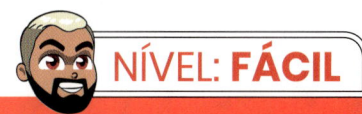

Desembaralhe as sílabas para revelar o nome de companheiros de time do Gabigol. São jogadores que atuaram com o craque em momentos diferentes de sua carreira, nos clubes e na seleção.

QUE BRU NO RI HEN

1) ______ ________

TA E RAS CA AR

2) ______________

LO LI ME FE PE

3) ______ ______

SUS EL GA BRI JE

4) ______ ______

QUI NHOS MAR

5) ______________

MAR NEY

6) ______

DA MI RAN

7) ______________

VER E RI BEI RO TON

8) ______ ________

VES GO E AL DI

9) ______ ______

TIL LO MON

10) ______________

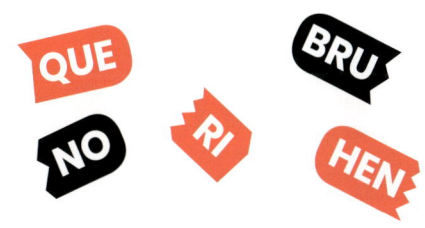

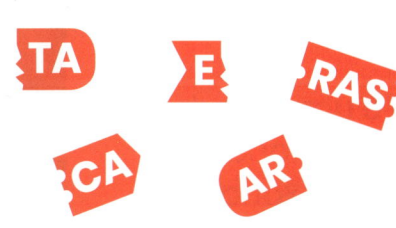

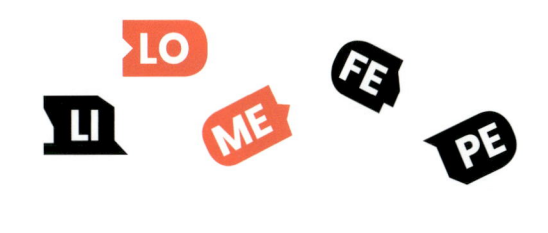

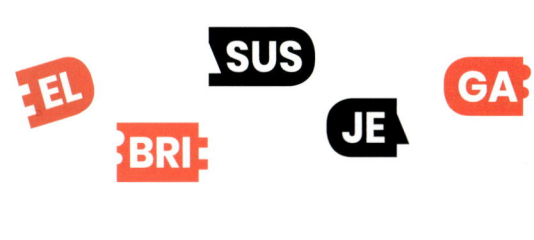

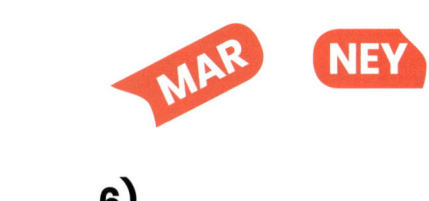

MÚSICA

Gabigol é um grande fã do rap nacional. Ele é tão apaixonado pelo estilo que chegou a fazer amizade com diversos cantores.

Como resultado dessa relação, ele acaba ouvindo novas composições antes mesmo de serem lançadas. Também não é raro ver o craque dando uma palinha em shows e eventos.

Entre seus artistas favoritos estão Emicida, Matuê, Recayd Mob e Travis Scott.

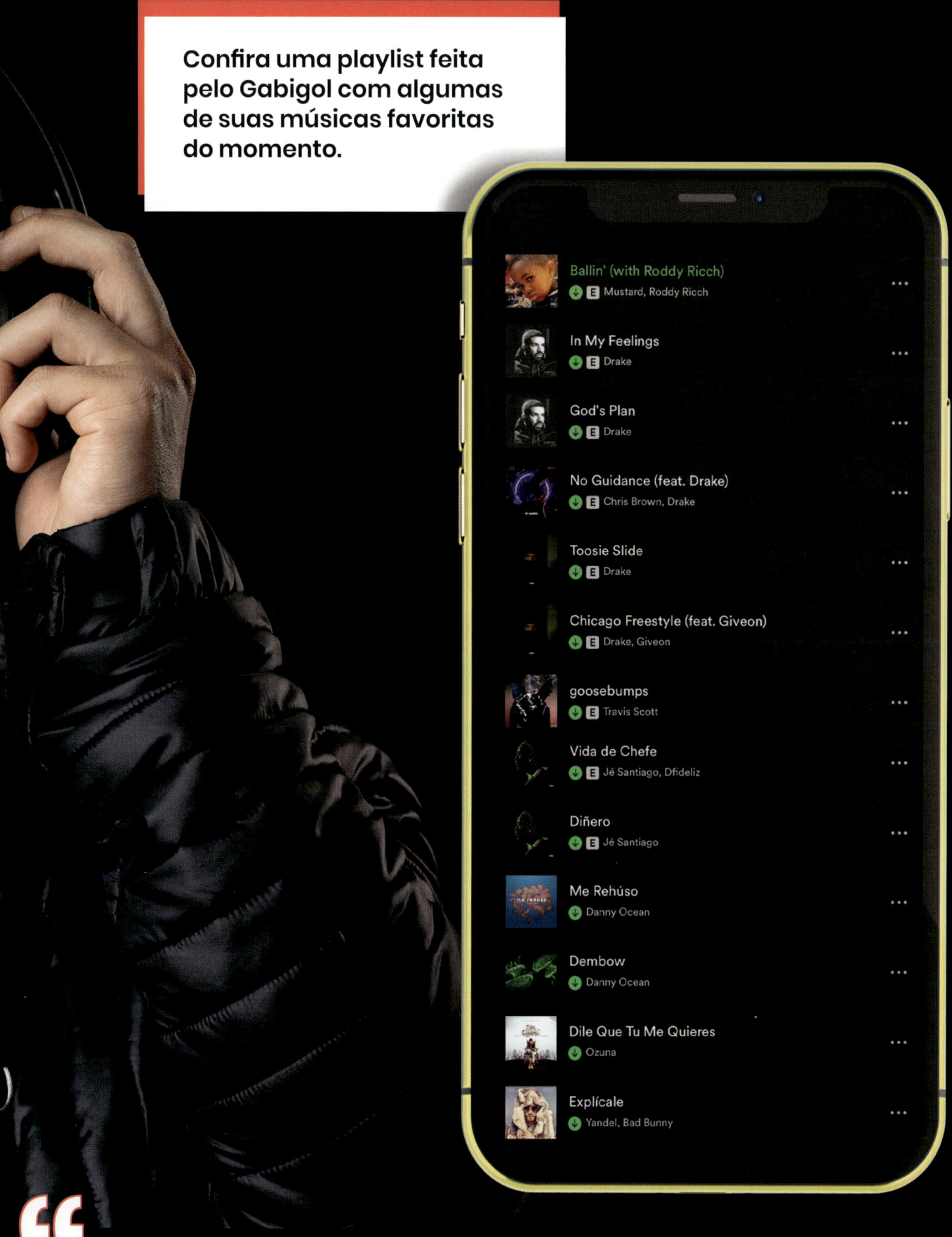

Confira uma playlist feita pelo Gabigol com algumas de suas músicas favoritas do momento.

> "Eu não gosto muito de TV, então, aqui em casa, é música o tempo todo."

GABIGOL É SELEÇÃO

A primeira convocação do Gabigol para a seleção principal ocorreu no dia 26 de março de 2016, para um jogo das eliminatórias para a Copa do Mundo de 2018.

Sua primeira participação em campo, no entanto, ocorreu em maio daquele mesmo ano, em partida amistosa contra o Panamá. Gabigol marcou o segundo gol do jogo, que terminou 2 a 0 para o Brasil.

O atacante também foi convocado para a Copa América Centenário, que foi realizada em junho de 2016.

> (Na primeira convocação) a gente estava num sítio e o Gabriel tinha ficado aqui (em Santos). Aí ele recebeu o chamado do técnico e me ligou: "Pai, você sabe o que aconteceu?" E eu não sabia de nada. "Você não viu ainda? Eu fui convocado pra seleção!" Eu estava com uma turma de amigos pescando e só via aquelas varas de pesca voando para todo lado, a gente se abraçando. Foi uma gritaria danada!

VALDEMIR, PAI DO GABIGOL

CONFIRA ALGUNS DOS MOMENTOS MAIS MARCANTES DO GABIGOL COM A CAMISA AMARELA.

Data: **20/8/2014**

Idade: **17 anos**

Técnico: **Alexandre Gallo**

Momento especial: **Conquista do Torneio Internacional de Futebol Sub-20 de L'Alcúdia (COTIF) com a seleção brasileira sub-20.**

Data: **20/5/2016**

Idade: **19 anos**

Técnico: **Dunga**

Momento especial: **Marcou seu primeiro gol pela seleção principal do Brasil.**

Data: **20/8/2016**

Idade: **19 anos**

Técnico: **Rogério Micale**

Momento especial: **Conquista da primeira medalha de ouro olímpica da história para o futebol brasileiro.**

ORIGENS

JOGOS OLÍMPICOS

Gabigol participou de diversas competições pelas seleções de base do Brasil, como a Copa do Mundo Sub-17 (2013) e o Sul-Americano Sub-20 (2015). Mas sua principal marca certamente foi o ouro olímpico, conquistado em 2016.

O Brasil, apesar de suas inúmeras conquistas no futebol, nunca tinha conquistado medalha de ouro nesse esporte em uma edição dos Jogos Olímpicos. A equipe chegou perto em diversas ocasiões, mas perdeu a final em 1984 (para a França), 1988 (para a URSS) e 2012 (para o México), além das medalhas de bronze em 1996 e 2008.

Em 2016, além da falta de uma conquista, pesava sobre a seleção o fato de estar jogando em casa, uma vez que aquela edição dos jogos foi realizada na cidade do Rio de Janeiro.

Passando por um grupo difícil, que contava com Argentina, México e Japão, o Brasil chegou à final contra a Alemanha. A disputa foi para os pênaltis, após empate de 1 a 1.

Nossa seleção ganhou sua tão sonhada medalha de ouro olímpica após uma longa espera. Mais uma conquista importante para o jovem Gabigol, que, na época, tinha 20 anos.

Relembre a escalação do time na final:

- Weverton `GOL`;
- Zeca `LAD`;
- Rodrigo Caio e Marquinhos `ZAG`;
- Douglas Santos `LAE`;
- Walace e Renato Augusto `VOL`;
- Neymar `MEC`;
- Luan, Gabriel Jesus e Gabigol `ATA`.

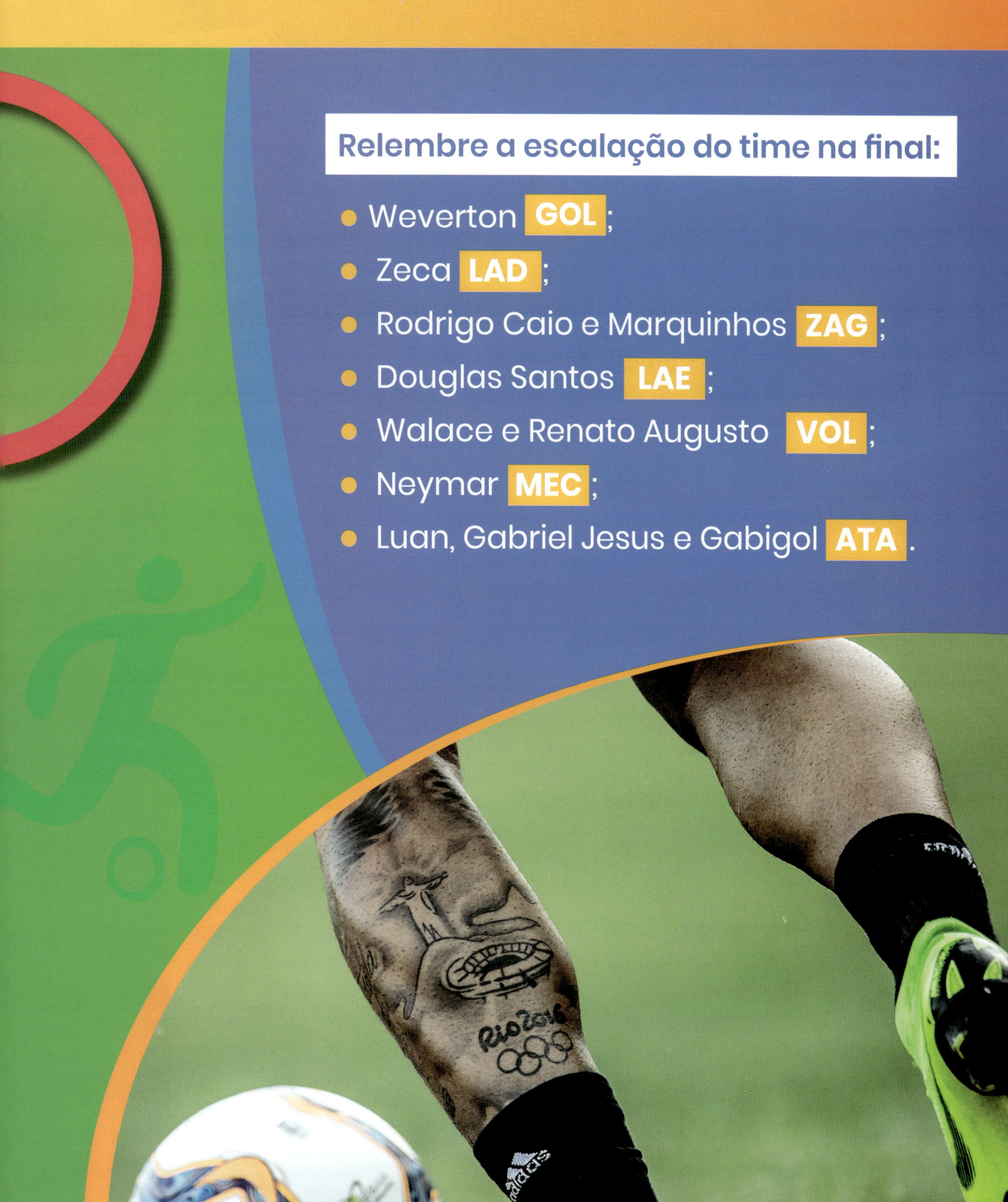

CONVOCAÇÃO

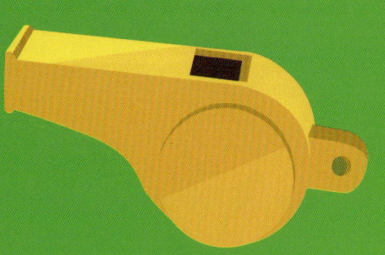

Agora, você é o técnico da seleção e Gabigol é o nosso craque da camisa 9. Convoque o restante do time para disputar uma Copa do Mundo.

TÉCNICO(A): _____ SEU NOME

TITULARES

1.
2.
3.
4.
5.
6.
7.
8.
9. GABIGOL
10.
11.

RESERVAS

1.
2.
3.
4.
5.
6.
7.
8.
9.
10.
11.
12.

Lembre-se de que os reservas são: 2 goleiros, 2 zagueiros, 2 laterais, 3 meio-campistas e 3 atacantes.

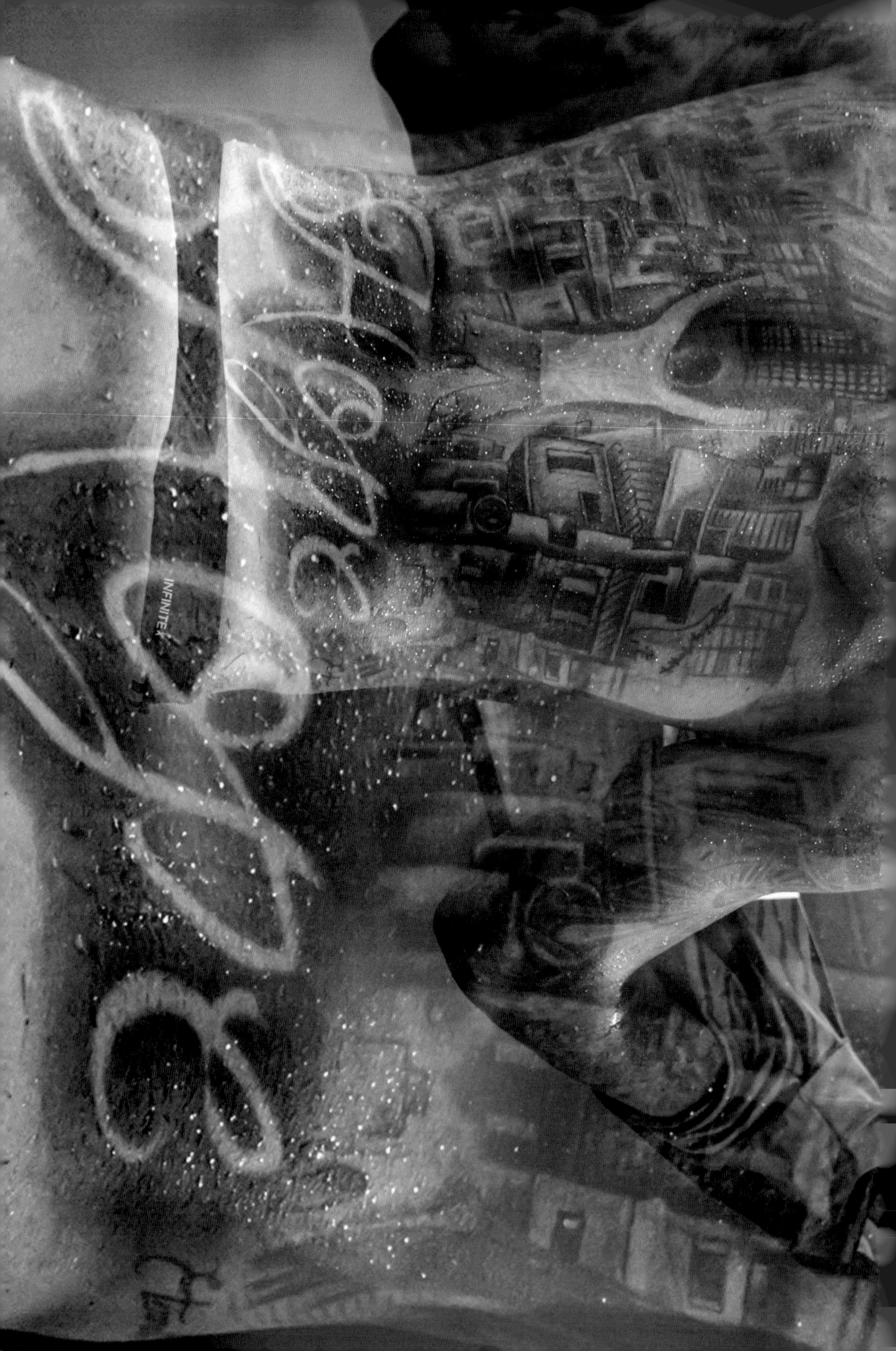

DEDOCHE DO GABIGOLZINHO

Agora é a sua vez de fazer um golaço com o dedoche do Gabigolzinho!

1) Peça a ajuda de um adulto para recortar seu dedoche e sua bola de futebol.

2) Faça as dobras nos lugares indicados com a linha tracejada.

3) Use um pinguinho de cola nos lugares indicados, para unir todos os lados da sua bola.

4) Pronto! Agora é só posicionar seus dois dedinhos no lugar das pernas e chutar a bola ao gol!

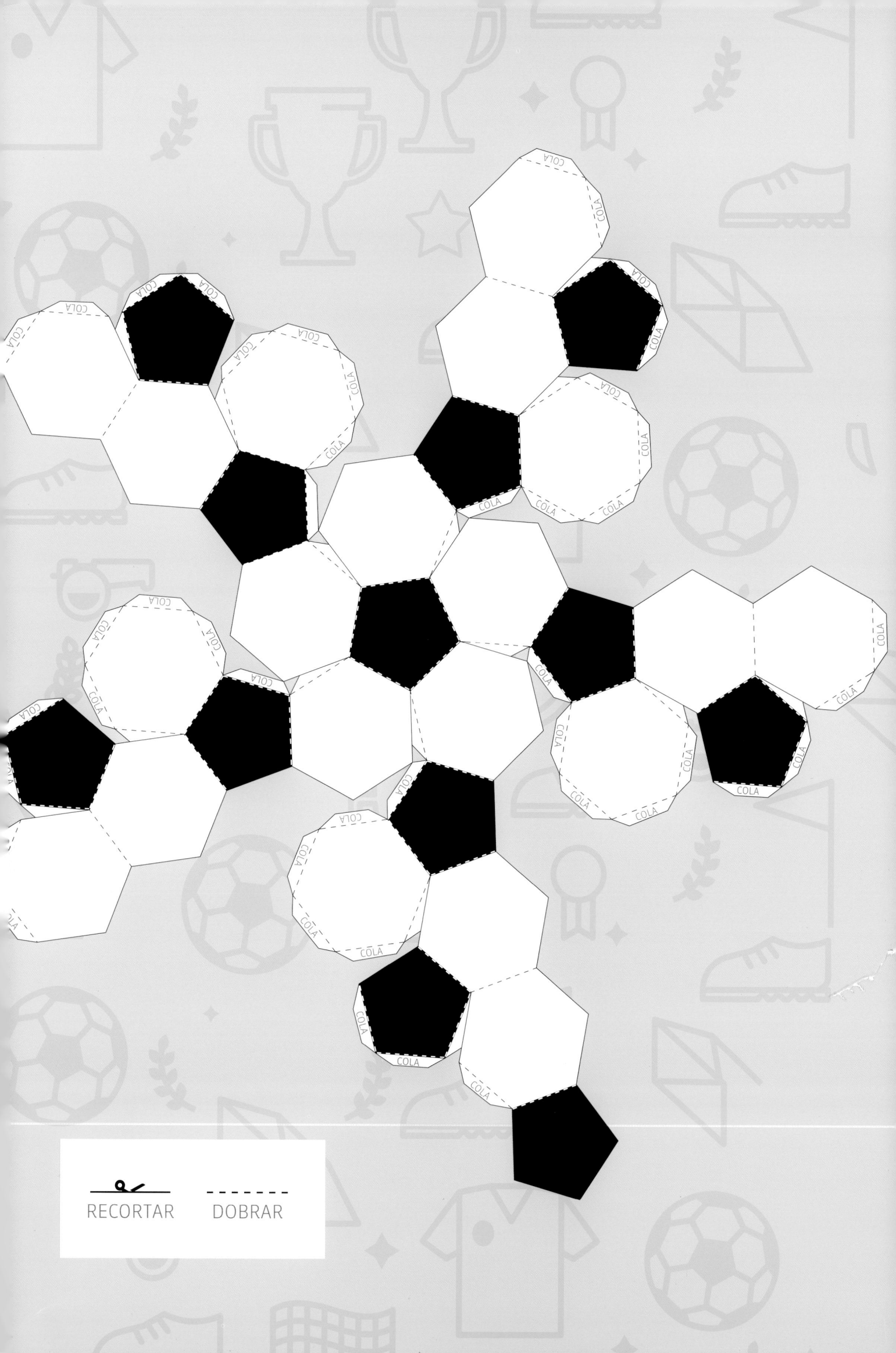

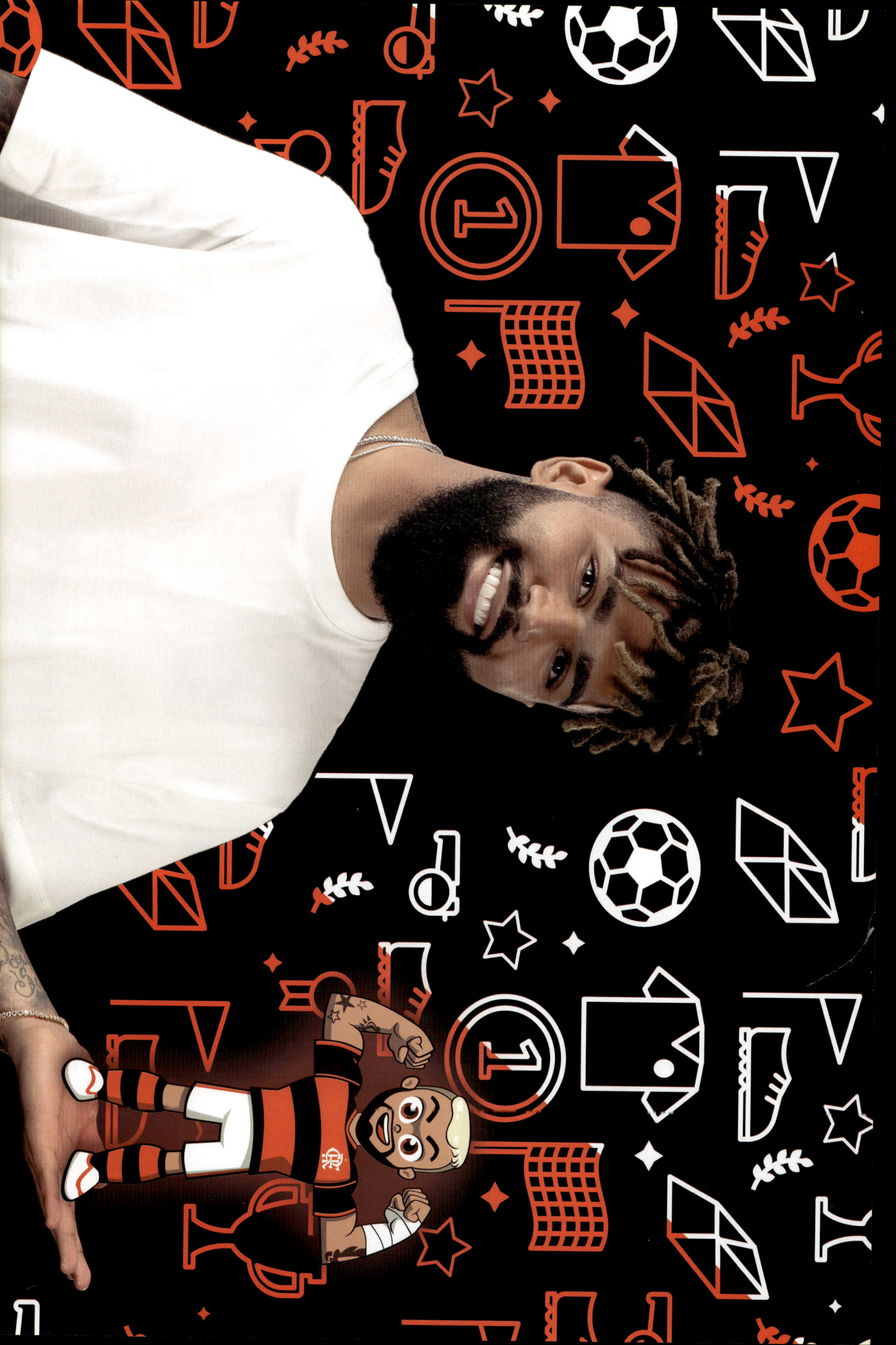

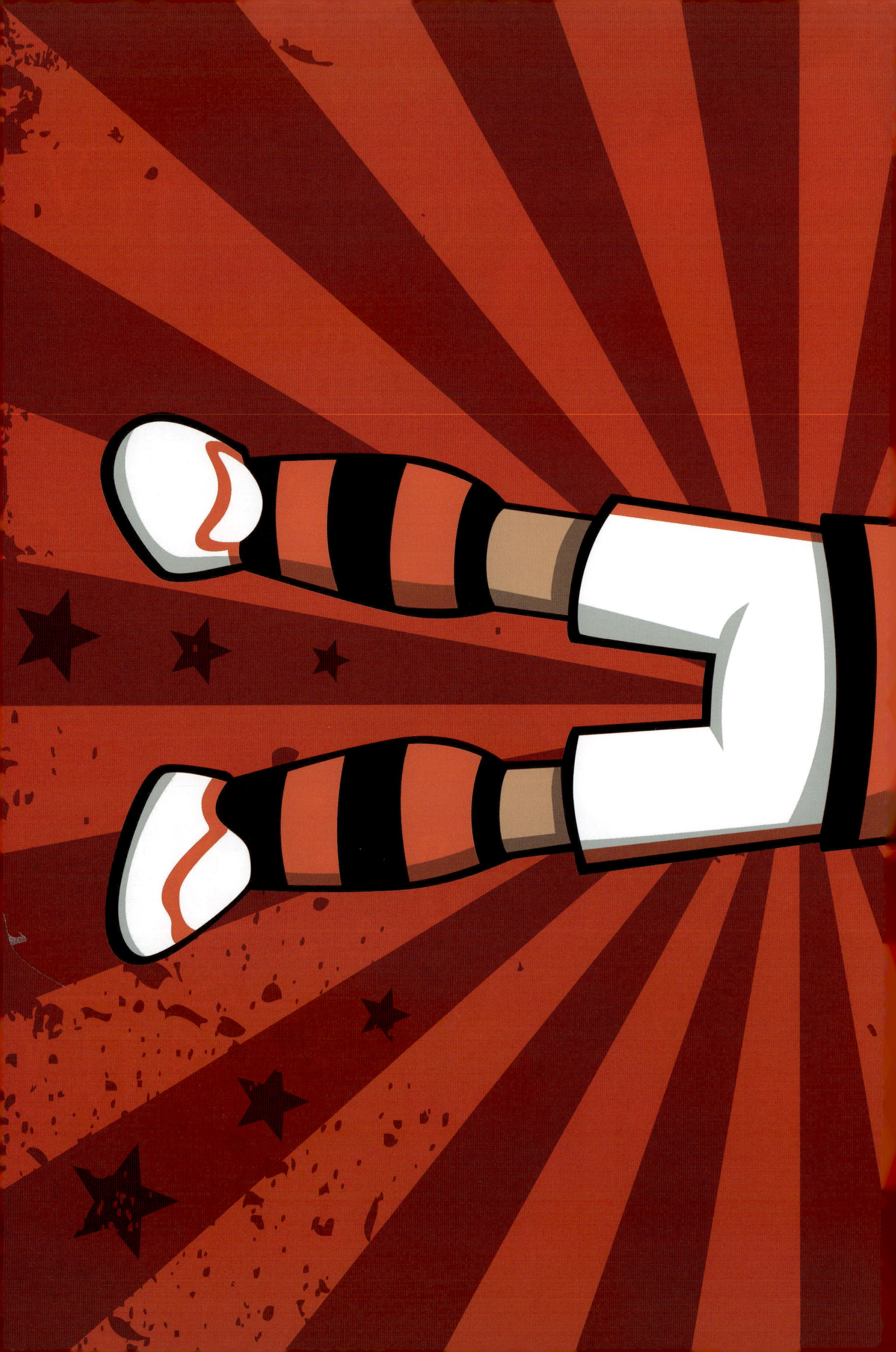

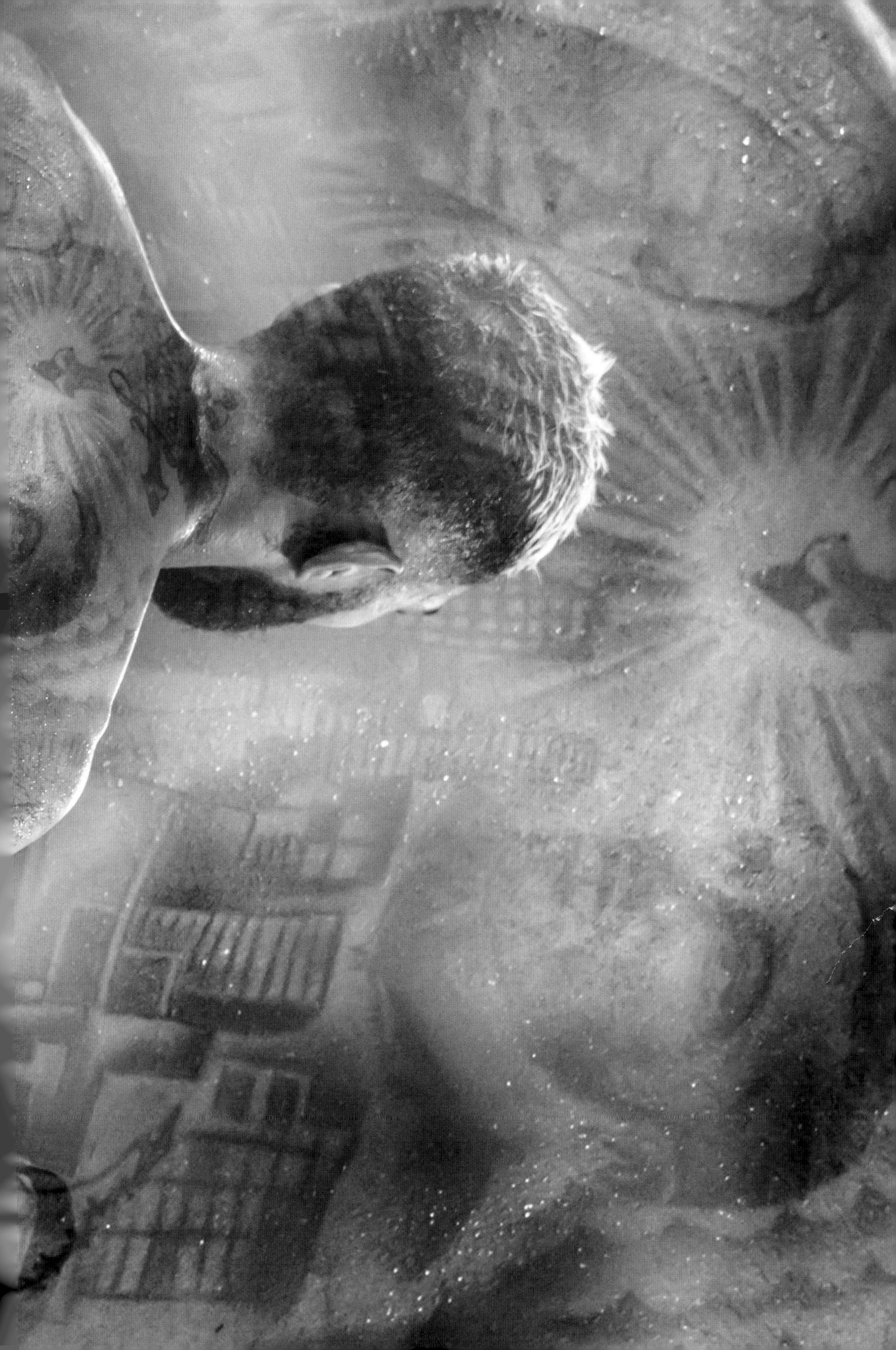

CONMEBOL LIBERTADORES
FINAL
FLAMENGO vs RIVER PLATE
23 · 11 · 2019
LIMA

ESTILO

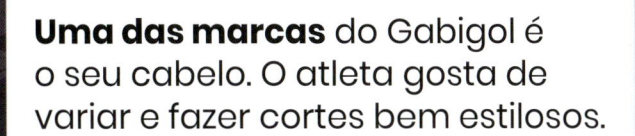

Uma das marcas do Gabigol é o seu cabelo. O atleta gosta de variar e fazer cortes bem estilosos.

Confira alguns dos cortes mais marcantes do jogador.

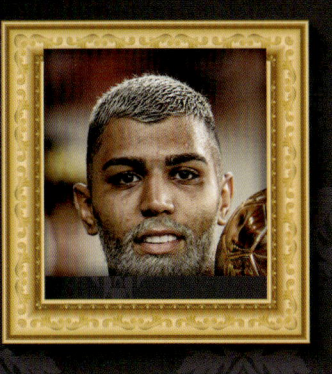

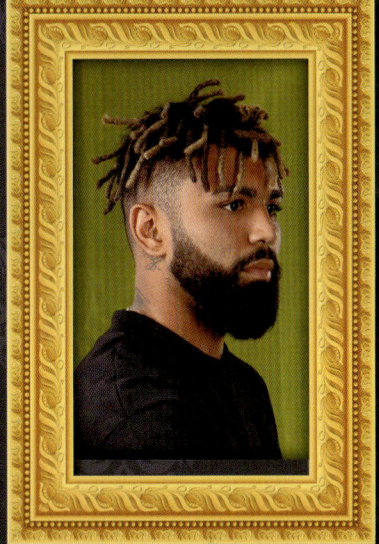

> "Eu tenho vários cabeleireiros. Cada lugar que eu vou, tenho um. Mas o primeiro de todos e o que começou a mudar meu estilo foi o Gugu (Winner), de Santos."

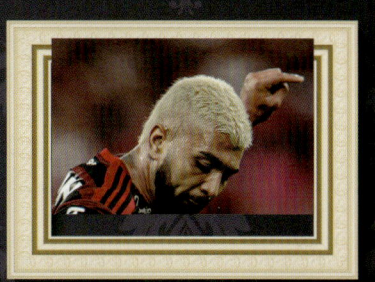

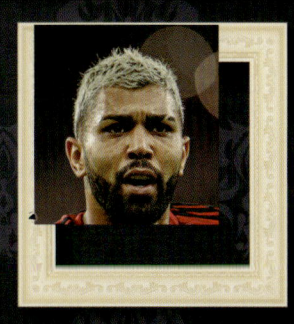

TATUAGENS

Outro detalhe que chama muita atenção no estilo do Gabigol são suas tatuagens. O camisa 9 possui tantos desenhos espalhados por todo o corpo que já perdeu a conta. Em geral, essas tatuagens contam um pouco da sua trajetória e da relação com o futebol. Confira algumas delas.

> "A gente recebia o dinheiro para duas passagens, só que precisava pegar três ônibus pra chegar (no CT do São Paulo). Como não tinha dinheiro pra pagar a última passagem, a gente andava a pé nesse trajeto. E era bem distante. Era nessa época que meu esposo carregava ele no ombro. Hoje, o Gabriel tem uma tatuagem do Valdemir num ombro e minha no outro. É por causa disso."
>
> LINDALVA, MÃE DO JOGADOR

1) **Tatuagem:** Gabigol ajoelhado, apontando para o céu, diante da favela do Montanhão com o rosto dos pais acima.
   Local: costas

2) **Tatuagem:** cruz alada com os dizeres "guerreiro de fé"
   Local: nuca

3) **Tatuagem:** palavra "*King*" ("Rei", em inglês: uma homenagem a Pelé).
   Local: lado direito do pescoço

4) **Tatuagem:** aves voando com a palavra "Promise" ("Promessa", em inglês).
   Local: lado esquerdo do pescoço

5) **Tatuagem:** Valdemir carregando Gabigol no ombro com os dizeres: "Muitos falam, poucos sabem."
   Local: braço esquerdo

6) **Tatuagem:** rosto da irmã, Dhiovanna, com os dizeres: "*Eternal love*" ("Amor eterno", em inglês).
   Local: lado direito do tronco

7) **Tatuagem:** estádio do Maracanã, com o Cristo Redentor ao fundo e o símbolo das Olimpíadas de 2016 embaixo.
   Local: panturrilha esquerda

8) **Tatuagem:** palavra "*Hope*" ("Esperança", em inglês).
   Local: lombar

EUROPA

Após o sucesso no Campeonato Brasileiro e a convocação para os Jogos Olímpicos, Gabigol começou a ser cobiçado por diversos clubes europeus. Não demorou para que o Santos, seu clube na época, recebesse uma série de propostas. A que mais agradou ao jogador e a sua família foi a da Inter de Milão. O clube italiano pagou a quantia de 29,5 milhões de euros para contar com o jovem atacante ainda em 2016.

A mudança para a Europa, no entanto, não foi fácil. Com poucas oportunidades em campo, Gabigol acabou não permanecendo no time. No ano seguinte, foi emprestado para o Benfica, de Portugal, onde ficou até receber novo chamado do Santos.

> "Ele cheira a gol. Poderia estar nos grandes times do futebol mundial. Ele pode não ter dado certo na Europa primeiro por ser muito novo, depois porque talvez ele não tivesse atingido o que atingiu como atleta no Flamengo."
>
> **JORGE JESUS**, TÉCNICO

RETORNO À VILA

Com saudade de casa, Gabigol e sua família viram com bons olhos o retorno para o Santos. O time propôs um empréstimo à Inter de Milão, que aceitou a oferta.

Gabigol voltou vestindo a camisa 10, eternizada pelo rei Pelé, sendo tratado como grande ídolo no clube.

Em sua estreia, contra a Ferroviária, pelo Campeonato Paulista de 2018, o craque marcou um gol. Um belo início para um ano que seria muito marcante para ele. Afinal, Gabigol terminou 2018 como melhor atacante e artilheiro do Campeonato Brasileiro.

O sucesso foi tão grande que o atleta voltou a ser cobiçado por diversas equipes. Dessa vez, a proposta esportiva que mais agradou ao jogador foi a do Flamengo.

PRIMEIRA ENTREVISTA DE GABRIEL APÓS O SEU RETORNO AO SANTOS FC

APONTE A CÂMERA DO SEU CELULAR PARA LER O QR CODE E ASSISTIR AO VÍDEO.

FLAMENGO

Após a ótima passagem pelo Santos, Gabigol chegou ao Flamengo já com a fama de maior goleador do Brasil em atividade. O time carioca vinha de um longo processo de mudanças, com mais dinheiro para investir e a promessa de construir um time vencedor.

Outros grandes nomes chegaram ao clube, além do técnico português Jorge Jesus, e o time logo começou a mostrar um futebol muito bem jogado. Empolgado com a boa fase e feliz em sua nova casa, Gabigol virou um dos destaques do time, sendo abraçado pela torcida.

Passou a ser comum ver nos estádios, em dias de jogo do Flamengo, pessoas fantasiadas de Gabigol, imitando suas comemorações ou segurando cartazes em sua homenagem.

CAMPEÕES DE TUDO

E Gabigol retribuiu todo o carinho entrando para a história do clube em um ano mágico.

O time comandado pelo técnico Jorge Jesus ganhou praticamente todas as competições que disputou. Entre elas, a taça Libertadores da América (2019), que havia sido conquistada pelo Flamengo apenas uma vez, em 1981. Gabigol marcou os dois gols da final contra o River Plate, sendo o grande herói da partida.

Além do torneio continental, o time do Flamengo ainda ganhou o Campeonato Brasileiro (2019), a Supercopa do Brasil (2020), a Recopa Sul-Americana (2020), além dos Campeonatos Cariocas de 2019 e 2020.

Assim como em 2018, Gabigol terminou o ano como artilheiro do Brasileirão e entrou para a seleção do torneio como melhor atacante. De quebra, ainda se tornou o maior goleador do campeonato no formato atual, por pontos corridos.

Um ano perfeito, que terminou com muita festa, com direito a desfile no trio elétrico no Centro do Rio de Janeiro, na presença de milhares de torcedores!

HOJE TEM GOL DO GABIGOL!

Gabigol costuma ser bastante criativo em suas comemorações! Além da pose dobrando os braços, que virou sua marca registrada, ele também já extravasou sua alegria pelo gol marcado de outras maneiras bem originais. Confira algumas delas.

> "Um dia eu estava na igreja com um amigo meu e ele falou que eu tinha que inventar uma comemoração diferente, que me marcasse. A partir daí, surgiu essa que ficou marcada."

Não há um jogo do Flamengo com a presença da torcida em que não vejamos o cartaz com os dizeres: "Hoje tem gol do Gabigol!" A frase se tornou uma marca para o jogador, que, inclusive, costuma segurar alguns desses cartazes feitos pelos torcedores em suas comemorações.

Use sua criatividade e crie, no espaço em branco, um belo cartaz!

GOLS FAVORITOS

Com tantos gols na carreira, fica difícil selecionar os mais importantes. Mas lançamos esse desafio para o Gabigol e ele aceitou. Confira os gols favoritos do craque.

FLAMENGO 2 – 1 RIVER PLATE

DATA: 23/11/2019
LOCAL: MONUMENTAL "U", PERU
DETALHE IMPORTANTE: FINAL DA LIBERTADORES DA AMÉRICA

O LANCE: O JOGO ESTAVA EMPATADO, GRAÇAS A UM GOL MARCADO PELO PRÓPRIO GABIGOL AOS 43 DO SEGUNDO TEMPO. A PARTIDA ESTAVA EM SEUS MINUTOS FINAIS, QUANDO GABIGOL, SOZINHO, RECEBEU A BOLA ENTRE DOIS MARCADORES DO TIME ADVERSÁRIO. ELE SE PROTEGEU DOS ZAGUEIROS COM A FORÇA DOS OMBROS E CHUTOU FORTE DA ENTRADA DA ÁREA.

BRASIL 2 – 0 PANAMÁ

O LANCE: AOS 27 DO SEGUNDO TEMPO, GABIGOL RECEBEU CRUZAMENTO NA ENTRADA DA ÁREA, ENTRE DOIS MARCADORES ADVERSÁRIOS, E CHUTOU FORTE NO CANTO DIREITO DO GOL, GARANTINDO A VITÓRIA BRASILEIRA POR 2 X 0.

DATA: 29/5/2016
LOCAL: DSG PARK, EUA
DETALHE IMPORTANTE: PRIMEIRO GOL MARCADO COM A CAMISA DA SELEÇÃO

SANTOS 1 – 0 GRÊMIO

DATA: 21/8/2013
LOCAL: VILA BELMIRO, SANTOS (SP)
DETALHE IMPORTANTE: PRIMEIRO GOL MARCADO COMO JOGADOR PROFISSIONAL

O LANCE: AOS 37 MINUTOS DO SEGUNDO TEMPO, COM O JOGO EMPATADO EM 0 X 0, O ARGENTINO MONTILLO AVANÇOU PELA ALA ESQUERDA E CRUZOU A BOLA RASTEIRA PARA O CENTRO DA ÁREA. GABIGOL, LIVRE DE MARCAÇÃO, BATEU DE PRIMEIRA NO CANTO ESQUERDO DO GOL, DANDO A VITÓRIA AO SEU TIME.

CANTO DO TORCEDOR

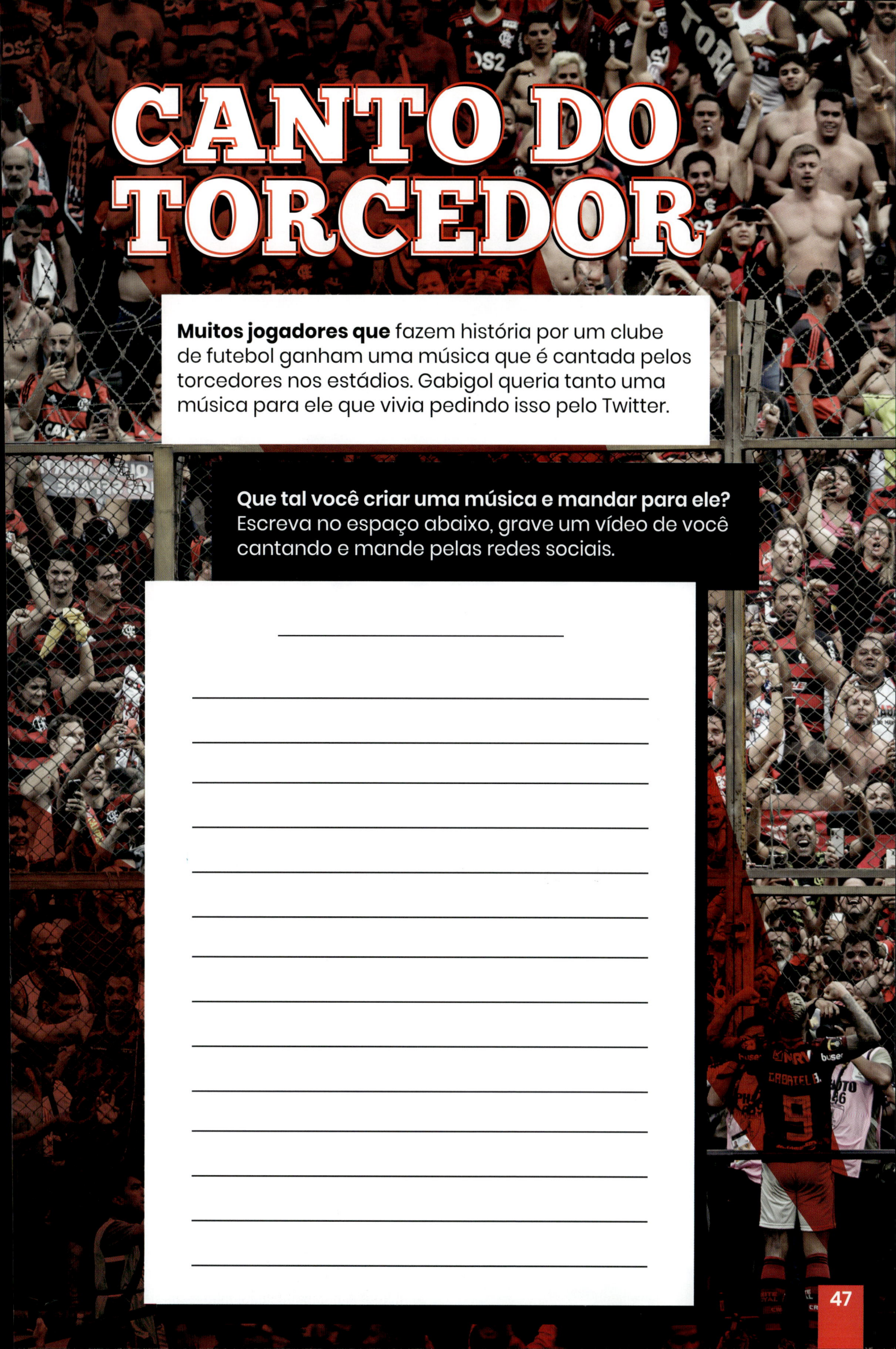

Muitos jogadores que fazem história por um clube de futebol ganham uma música que é cantada pelos torcedores nos estádios. Gabigol queria tanto uma música para ele que vivia pedindo isso pelo Twitter.

Que tal você criar uma música e mandar para ele? Escreva no espaço abaixo, grave um vídeo de você cantando e mande pelas redes sociais.

_____

_____
_____
_____
_____
_____
_____
_____
_____
_____
_____
_____
_____
_____

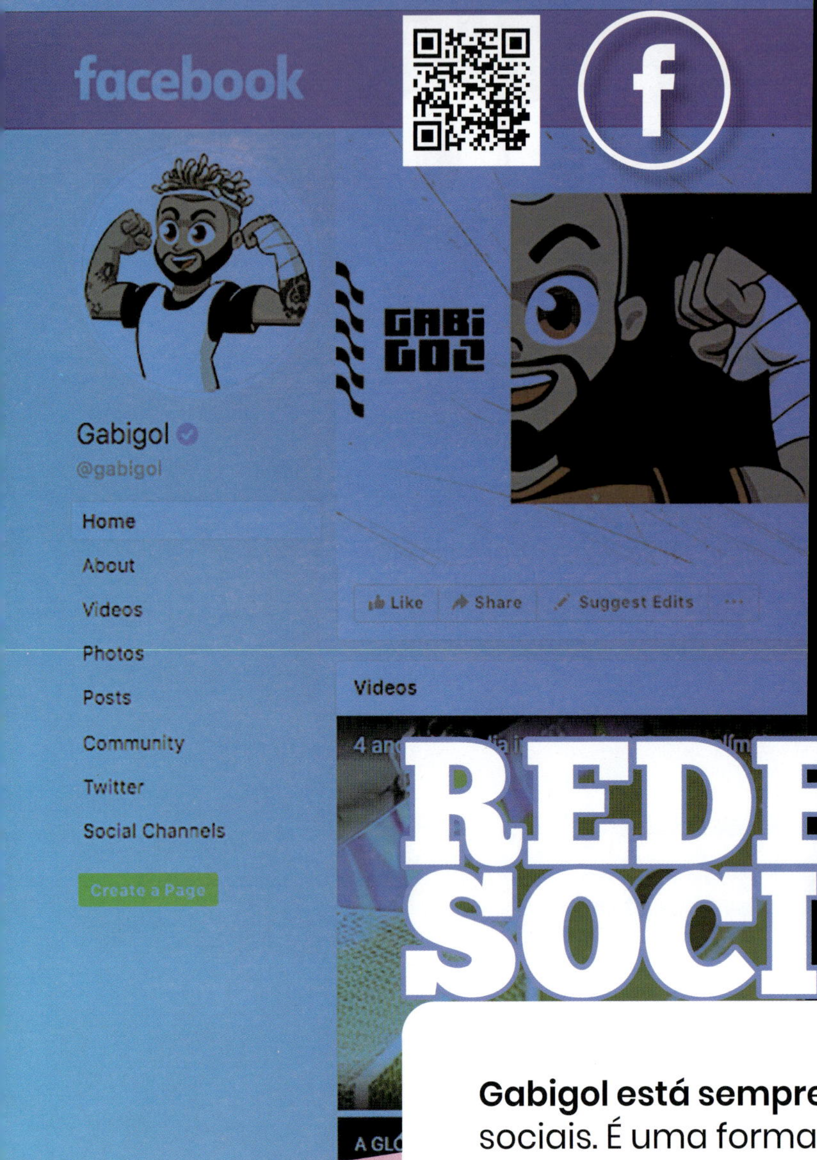

REDES SOCIAIS

Gabigol está sempre ligado nas redes sociais. É uma forma de se manter conectado com os torcedores e fãs.

Use os QR codes abaixo para acessar as páginas do jogador.

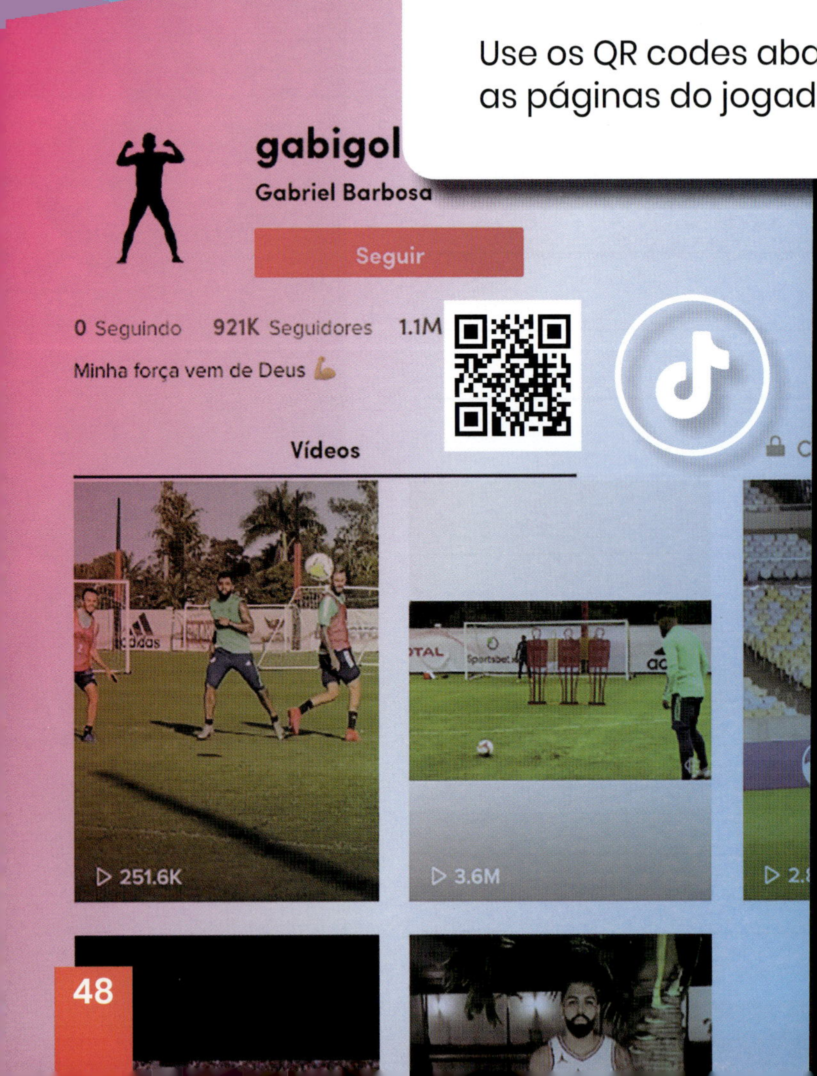

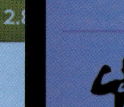

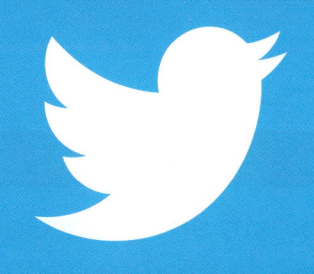

TWEETS
@gabigol

Agora, vamos propor um desafio. Separamos sete tweets aleatórios do Gabigol e listamos abaixo. Será que você consegue relacionar cada um deles com a ocasião em que foram escritos pelo craque?

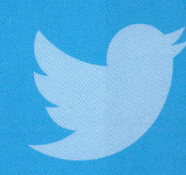

A — Gabriel Barbosa @gabigol
Espero você no Maraca meu amiguinho! 💪❤️

☐ Legendando uma foto da equipe do Flamengo.

B — Gabriel Barbosa @gabigol
1, tudo bem.. 2, pode ser! Agora 5unnnnn? HAHAHAHAHAHAHA 🙄

☐ Declaração após a eliminação de Babu Santana do Big Brother Brasil 20.

C — Gabriel Barbosa @gabigol
Vem logo meu grande amigo! Estou te esperando

☐ Após vitória do Flamengo nas oitavas de final da Copa do Brasil 2019.

D — Gabriel Barbosa @gabigol
Todo Babu, tem seu Prior 😂

☐ Legendando foto do Gabigol com Bruno Henrique.

E — Gabriel Barbosa @gabigol
Seguimos juntos ❤️🖤

☐ Em resposta a um torcedor especial que vibrou com a contratação do Gabigol pelo Fla.

F — Gabriel Barbosa @gabigol
Que honra! 💪

☐ Em resposta à matéria "Gabigol entra para a lista dos 50 maiores artilheiros do Flamengo".

G — Gabriel Barbosa @gabigol
PRIMEIRA BATALHA ✓

☐ Imitando uma reclamação feita pelo técnico Jorge Jesus em uma entrevista coletiva.

NÍVEL: DIFÍCIL

DIRETA

Quando está em casa, Gabigol não gosta de assistir a jogos de futebol. Fã de esportes, ele prefere acompanhar Fórmula 1 e basquete. Resolva a Direta e, nas casas em destaque, surgirá o piloto favorito do Gabigol.

3/hot – ime – web. 5/larva. 7/escolta – mosaico.

CRIPTOGRAMA

NÍVEL: DIFÍCIL

Para letras iguais, símbolos iguais. Resolvido o passatempo, surgirá, nas casas em destaque, o time favorito do Gabigol na NBA.

Pista	1	2	3	4	5	6	7	8
Time italiano que começa com a letra "C".	◐	☺		✏	✖	☺	⋈	✖
Seleção defendida por James Rodríguez.	◐	🚗	✏		▼	☂	✖	☺
(?) olímpicas: ouro, prata ou bronze.	▼	⇨	♥	☺		⟲	☺	▢
Cada um dos "amigos" no Twitter.		⇨	◆	✈	✖		🚗	⋈
Atletas, em inglês.	☺		⟲	✏	⇨	✉		▢
(?) Colorado, personagem de TV.	◐	⟲		☼	🚗	✏	✖	
Quebrar um osso.	⚡	⋈	☺		✈	⋈	☺	⋈
Colocação do vencedor do campeonato.	☼	⋈	✖	▼		✖	⋈	🚗
Escuderia britânica da Fórmula 1.		✖	✏	✏	✖	☺	▼	▢
Rebater a bola com a cabeça.	◐		☂	⇨	◐	⇨	☺	⋈
Espanhóis, alemães e franceses.	⇨	✈		🚗	☼	⇨	✈	▢
(?) esportivo: profissional como Galvão Bueno.	✂	☺	⋈		☺	♥	🚗	⋈
Os apoiadores dos times de futebol.	✉	🚗	⋈	◐		♥	☺	▢
Atleta que compete na natação (fem.).	✂	☺	♥	☺	♥		⋈	☺
Instrumento de cordas típico do rock.	◆	✈	✖	✉	☺	⋈		☺
Grupos de parentes.	⚡	☺	▼	✖	✏	✖	☺	

VIDEOGAME

Gabigol também gosta muito de videogame! Entre seus jogos favoritos, a maioria é de Fórmula 1. Mas ele também se diverte com jogos de futebol e já até participou de um campeonato de Pro Evolution Soccer ao lado de outros jogadores profissionais.

Confira a ficha completa do craque no jogo de videogame.

GABRIEL BARBOSA "GABIGOL"

POSIÇÃO
CA
82

82 VEL   **84** CHU
84 DRI   **73** FOR
75 PAS   **48** DEF

ATAQUE: 82
- 82 Talento ofensivo
- 84 Finalização
- 81 Força do chute

DRIBLE: 83
- 81 Força do chute
- 84 Controle de bola
- 83 Condução
- 82 Equilíbrio

DEFESA: 61
- 75 Cabeçada
- 74 Impulsão
- 48 Talento defensivo
- 44 Desarme
- 63 Agressividade

PASSE: 73
- 75 Passe rasteiro
- 71 Passe alto
- 68 Chute colocado
- 78 Curva

FÍSICO: 79
- 82 Velocidade
- 83 Aceleração
- 73 Contato físico
- 78 Resistência

Estilo: **Artilheiro**

ALGUMAS DAS PRINCIPAIS HABILIDADES:
- Chute de longe
- Chute de primeira
- Passe sem olhar
- Especialista em pênalti

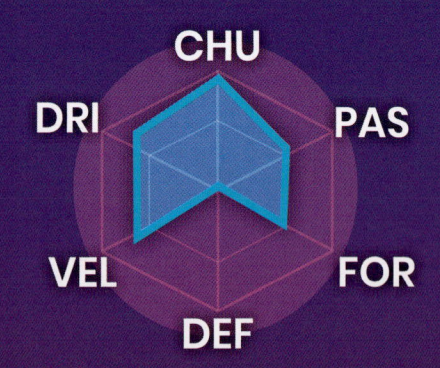

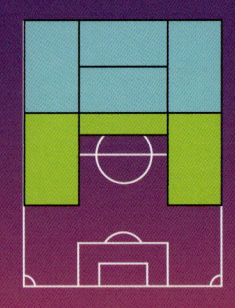

Já pensou se você fosse um jogador profissional e tivesse seu próprio personagem no videogame? Como ele seria?

Complete a tabela abaixo com as suas habilidades.

NOME

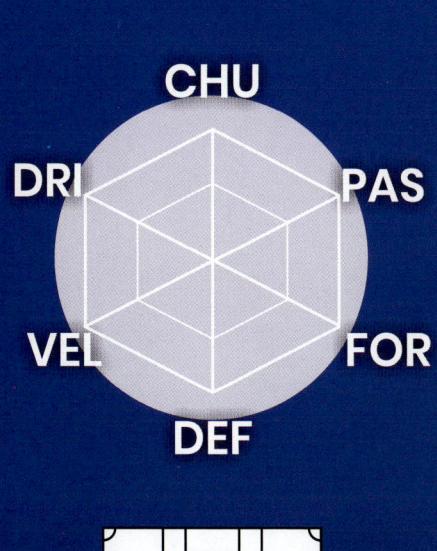

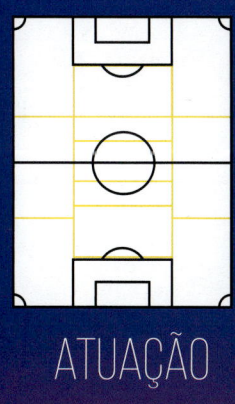

POSIÇÃO

PÉ DO CHUTE

- [ ] VEL
- [ ] CHU
- [ ] DRI
- [ ] FOR
- [ ] PAS
- [ ] DEF

CHU
DRI   PAS
VEL   FOR
DEF

ATUAÇÃO

ATAQUE
- [ ] Talento ofensivo
- [ ] Finalização
- [ ] Força do chute

DRIBLE
- [ ] Força do chute
- [ ] Controle de bola
- [ ] Condução
- [ ] Equilíbrio

DEFESA
- [ ] Cabeçada
- [ ] Impulsão
- [ ] Talento defensivo
- [ ] Desarme
- [ ] Agressividade

PASSE
- [ ] Passe rasteiro
- [ ] Passe alto
- [ ] Chute colocado
- [ ] Curva

FÍSICO:
- [ ] Velocidade
- [ ] Aceleração
- [ ] Contato físico
- [ ] Resistência

Estilo:

ALGUMAS DAS PRINCIPAIS HABILIDADES:

FÃS DE TODAS AS IDADES

Por onde passa, Gabigol é cercado por crianças e adolescentes. Muitos deles se vestem como o camisa 9 e imitam suas comemorações. São fãs de diversas idades, times e nacionalidades que torcem pelo sucesso do craque e acompanham sua carreira de perto.

> "O Gabriel desde criança tinha um carisma com os mais novos, mas essa admiração toda a gente achou surpreendente. Porque as crianças gostam demais dele! E a gente vê isso como algo muito positivo!"

VALDEMIR, PAI DO GABIGOL

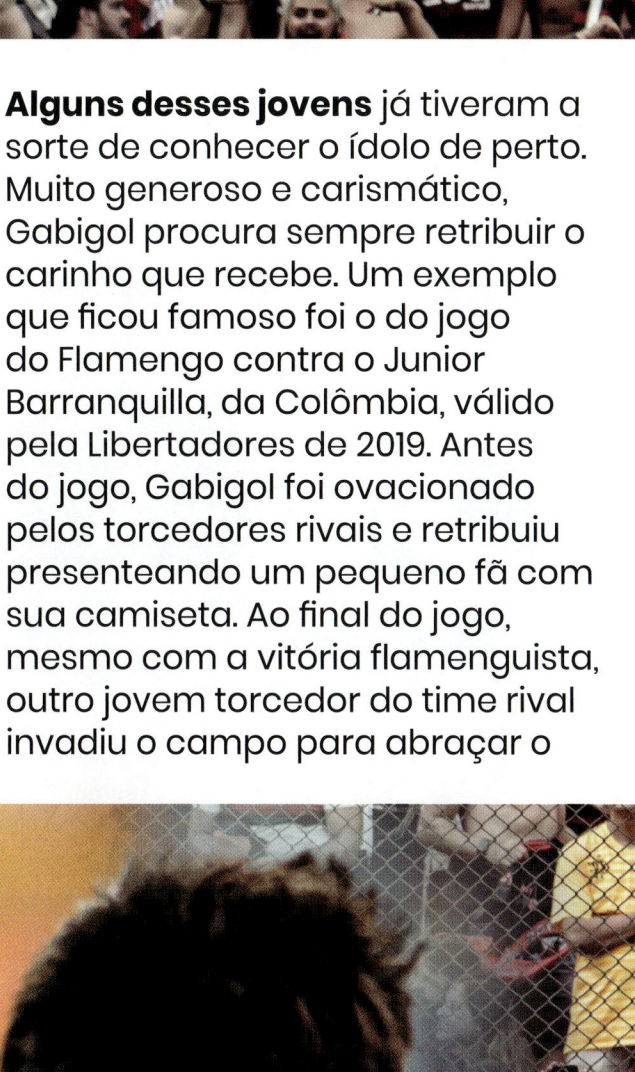

Alguns desses jovens já tiveram a sorte de conhecer o ídolo de perto. Muito generoso e carismático, Gabigol procura sempre retribuir o carinho que recebe. Um exemplo que ficou famoso foi o do jogo do Flamengo contra o Junior Barranquilla, da Colômbia, válido pela Libertadores de 2019. Antes do jogo, Gabigol foi ovacionado pelos torcedores rivais e retribuiu presenteando um pequeno fã com sua camiseta. Ao final do jogo, mesmo com a vitória flamenguista, outro jovem torcedor do time rival invadiu o campo para abraçar o atacante, que o presenteou com suas chuteiras.

Aproveitando essa visibilidade entre torcedores de todas as idades, Gabigol costuma participar de ações que valorizam as crianças e pessoas especiais. Ele já fez comemoração em Libras (Língua Brasileira de Sinais) em homenagem à população surda; já participou de projeto do Instituto Olga Kos, que atende pessoas com Síndrome de Down; atendeu a diversos pedidos de torcedores especiais que compartilhavam do sonho de conhecê-lo pessoalmente, entre outros pequenos e grandes gestos.

ENTREVISTA

Gabigol é uma pessoa muito ligada à família. Seus pais lutaram muito para que ele conseguisse alcançar o sonho de ser jogador profissional e, até hoje, participam da sua vida pessoal e profissional.

Confira uma entrevista com os dois, em que eles falam das dificuldades no início da carreira do camisa 9, além de revelar algumas curiosidades e fatos engraçados sobre a vida da família.

Mãe: Lindalva Barbosa de Lima
Pai: Valdemir Silva Almeida

Como era a vida da família no Montanhão (São Bernardo do Campo), onde Gabigol nasceu?

L Vivíamos em uma casa simples, como outra qualquer, mas tinha muito amor.

E como foi a infância do Gabriel lá? Ele saía muito pra jogar bola na rua, tinha outros interesses além do futebol?

L Ele gostava muito de brincar na rua, mas eu não deixava ele ir sozinho, porque tinha medo dos tiroteios. Então, eu sempre ficava de olho quando ele saía. Geralmente ele ia andar de bicicleta ou, na maioria das vezes, jogar bola com os amigos.

Quando o Gabriel começou na escolinha de futebol?

L Ele tinha 4 anos e meio mais ou menos.

Gabriel é muito ligado à família? Vocês vivem juntos?

L Eu sou do Nordeste e meu esposo é de Goiás, então a gente não tem família por perto. Sempre fomos só nós e os filhos em casa. Por isso, nós criamos eles bem juntos e, até hoje, são muito apegados a nós.

E essa paixão dele pelo futebol surgiu por influência de vocês? Vocês tinham o hábito de assistir a jogos em casa?

V Na verdade tudo começou com o Gabriel jogando lá no Montanhão. Ele, com 6, 7 anos, já jogava no meio de garotos de 11. A gente via isso e sempre as pessoas que passavam falavam: "Leva esse menino pra escolinha porque ele vai ter um futuro brilhante." E assim nós fizemos. Eu treinava o Gabriel num campinho de terra lá do bairro e até em casa, num quartinho que nós tínhamos. Treinávamos balãozinho, chute com a esquerda e com a direita...

E vocês torcem para que time?

L Nós somos santistas!

Como era o Gabriel na escola? Era bom aluno, arrumava muita confusão?

L Ele era danado! Só queria jogar. Via uma bolinha de papel, já começava a chutar. Dia desses, eu encontrei um caderno da época de escola com vários recados dizendo: "Mãe, o Gabriel ficou jogando bola durante a aula." *(risos)* Mas eu dizia pra ele que, se ele não fosse bem na escola, não tirasse notas boas, ele não iria treinar. E era assim que ele se dedicava.

Vida de atleta é bastante regrada: alimentação balanceada, dormir na hora certa, treinos todos os dias etc. Na infância, muitas vezes é difícil seguir tantas regras. Como era o Gabriel nesse sentido? Ele mudou muito depois que virou jogador profissional?

L Não. O Gabriel nasceu para ser atleta. Ele nunca deu trabalho com relação a isso. E ele sempre quis mesmo ser atleta. Nunca disse que queria ser outra coisa. Já aos 8 anos de idade, se eu tinha que sair para um aniversário e deixava ele em casa, ele sozinho ia dormir cedo, porque tinha treino no dia seguinte. Às vezes, a gente nem ia, porque ficava com pena dele, que queria dormir. Ele também nunca foi de comer besteira. Aqui em casa ninguém toma refrigerante. E eu ensinei pra ele que atleta não toma refrigerante nem come doce. Então, ele não tem esse hábito. Isso vem desde pequeno.

Em algum momento vocês pensaram que talvez o Gabriel não fosse chegar onde chegou?

L O Gabriel nunca desistiu. Ele já jogou com chuteira rasgada, já andou muito a pé pra conseguir chegar aos treinos. Tinha vezes em que meu esposo carregava ele nas costas porque ele não aguentava mais andar. Já passou fome, porque a gente, às vezes, não tinha dinheiro pra comprar um lanche pra ele comer depois do treino. E, mesmo assim, ele nunca desistiu. ➩

.ele nunca desistiu.

E a gente vendo essa dedicação dele, a felicidade com que ele chegava em casa depois de marcar os gols no treino e ir descansar porque no dia seguinte já tinha treino de novo, não tinha como a gente dizer que não dava. Não teria nem coragem de dizer isso pra ele, porque ele era muito dedicado.

Como foi o início da carreira do Gabriel até ele chegar no Santos?

L O Gabriel começou na escolinha com quatro anos. Ficou dois anos lá, fez uma peneira pro São Paulo e passou. Eram cinco mil crianças disputando. Mas só passaram ele e mais um menino. Ele ficou mais ou menos um ano lá. Aí, teve um jogo, Santos contra o São Paulo. Nesse dia, o São Paulo ganhou de seis a um. Gabriel fez os seis gols! O Zito estava lá e viu. Ele disse que queria de todo jeito que a gente viesse para cá (Santos), mas eu falei que a gente não tinha condição nenhuma de se mudar. Então, ele disse que pagava nosso aluguel e dava uma ajuda de custo pra gente se manter. E foi assim que o Gabriel veio pro Santos. E ai, a partir do sub-11, ele foi jogar no campo, sempre com meninos mais velhos que ele. Não era fácil, mas como ele estava acostumado a jogar com garotos mais velhos desde cedo, ele foi conseguindo, até estrear no profissional com 16 anos. Mas nunca é fácil. Você vê pela quantidade de jogador com visibilidade que não consegue se manter titular...

Foi nesse momento, na chegada ao Santos, que vocês perceberam que a carreira dele estava decolando?

🅛 Cada degrau que ele subia na base me fazia sentir que estava dando certo. Porque são várias categorias, não tem como se precipitar. Tem que esperar. E aí ele foi sendo convocado pra seleção sub-13 e, depois, pra várias categorias da seleção, até estrear no profissional com 16 anos... Aí eu já sabia que era só esperar que ia dar certo.

🅥 Inclusive, tem a história do primeiro gol dele como profissional: ele estava em casa e nem ia jogar nesse dia. Quem estava escalado para jogar era o Victor Andrade, mas ele teve algum problema e precisou ficar de fora. Aí, o Gabriel entrou em campo e marcou o gol da vitória (1x0 contra o Grêmio, Copa do Brasil). E aí decolou, foi embora...

É verdade, seu Valdemir, que o senhor costumava subir em muro pra assistir aos treinos do Gabriel? Conta um pouco sobre isso.

🅥 Ah, fiz muito isso! Eles não deixavam a gente assistir, mas eu queria ir lá pra saber o que estava acontecendo no treino. Então, eu escalava as árvores, subia em muro... Aí, quando chegava em casa, eu falava pra ele o que podia melhorar, em que ele estava errando. Dava minhas dicas pra ele, na medida do possível.

Tem algum grande nome do futebol que vocês gostavam e que serviu de inspiração também pro Gabriel?

🅥 Nessa época, eu gostava muito do Robinho. Ele jogava muita bola. E aí eu ensinei também ao Gabriel a fazer aquelas pedaladas do Robinho.

De onde vocês assistiram à final da Libertadores (2019)?

🅛 Todo jogo importante do Gabriel a gente acompanha junto, vai ao estádio pra ver. Mas, bem nesse dia da final, era aniversário de 18 anos da minha filha e ela cismou que queria uma festa. Então, a gente se dividiu: o Valdemir foi ver o Gabriel no estádio e eu fiquei com a Dhiovanna. Aí, foi uma agonia, viu? Vou te contar... Eu só pensava no Gabriel e no Valdemir lá, porque já teve um jogo, quando o Gabriel estava já perto do profissional, uma final do Paulista, que esse homem desmaiou no estádio! Caiu duro na arquibancada. E aí, sempre que tem jogo, eu fico pensando que ele vai passar mal. Então eu estava aqui, pensando no Gabriel e nele, querendo saber como ele estava. E, ao mesmo tempo, pensando na Dhiovanna, na festa dela... A gente ficou reunido aqui com os amigos dela, assistindo ao jogo, para, depois, começar a festa. Todo mundo animado e eu com o coração partido. Aí, veio aquele gol (do River Plate) e ficou todo mundo murcho em volta da mesa. E eu pensando: "Meu Deus, essa festa vai ser horrível!" *(risos)*

Que situação! Os amigos da minha filha todos olhando pra gente com uma cara de dó. Mas, quando Gabriel fez o gol, foi uma alegria! Eu pulava, pulava... Ainda estava comemorando quando o Gabriel fez o segundo. Aí, fizemos a festa e foi bom demais!

Gabriel e Dhiovanna são bem unidos? Brigam muito? São ciumentos um com o outro?

🅛 O Gabriel é bem tranquilão. A Dhiovanna que é mais ciumenta com ele. Quando ele arruma namorada, ela faz aquela cara de difícil *(risos)*. Ela demora um pouquinho, mas depois relaxa e acaba fazendo amizade com a namorada dele.

O que mais mudou na vida da família com o sucesso do Gabriel, além da questão financeira?

🅛 O que mais mudou foi a condição financeira, mesmo. Nós levamos a vida do mesmo jeito.

A gente vai para onde quer, visita os amigos, faz um churrasco quando quer... Nós não somos extravagantes, gostamos de coisas simples: amigos, família, ficar em casa...

Tem um detalhe interessante da vida do Gabriel como jogador que não é tão comum, que é esse apelo que ele tem com as crianças, inclusive as que torcem pra times rivais. Isso foi uma surpresa pra vocês?

🅛 Na nossa família, que tem crianças, elas sempre querem ir no colo dele. Eu até brinco que ele tem o sangue doce, porque atrai mesmo as crianças. Na época do Santos já tinha muita criança que admirava ele, imitava as comemorações, o corte de cabelo, mas, quando ele foi pro Flamengo, isso aumentou muito. Tem muitos pedidos de crianças para conhecer ele, entrar em campo com ele... É até difícil de dar conta da demanda, porque é muita gente, mesmo. É porque isso vocês não ficam sabendo, mas, lá no Flamengo, vai muita criança especial para conhecer o Gabriel. Aí, entram no campo para abraçar ele, fazer vídeo, um monte de coisa. E crianças de outros times também, até de fora do Brasil. Teve, por exemplo, aquele garoto lá na Colômbia, que entrou em campo e se ajoelhou diante do Gabriel, que acabou dando a chuteira pra ele. Naquele dia eu até chorei, fiquei muito emocionada quando vi.

O Gabriel tem uma carreira muito vitoriosa, de grandes conquistas, mas vocês ainda têm algum sonho relacionado à carreira dele? Algo que ainda não foi realizado?

🅥 Ah, uma Copa do Mundo, né? Ele quer estar na Copa do Mundo. Acho que ainda tem umas duas Copas aí pela frente que ele pode jogar e, se Deus quiser, ele vai estar em pelo menos uma delas. Ele está trabalhando para isso.

Vocês teriam algum fato engraçado e inusitado sobre o Gabriel para nos contar?

🅥 Tem a história da melancia na vida do Gabriel. Melancia na vida do Gabriel é essencial. Até hoje, ele come pelo menos umas três por semana!

🅛 Depois do café da manhã, o Gabriel come melancia. Depois do almoço, ele também come melancia. Ele ama! Quando ele era pequeno e jogava no São Paulo, a gente não tinha dinheiro pra praticamente nada. Às vezes, levava bolacha ou banana de casa pro treino pra ele ter o que comer. E ele sempre gostou muito de fruta, né? Então, às vezes, quando tinha algum dinheiro, meu esposo falava pra ele: "Se você marcar dois gols hoje, eu compro uma melancia pra você." Nesse dia, o Gabriel dava a vida pra fazer os gols e comer a melancia.

🅥 Às vezes, a gente tinha só o dinheiro contado pra voltar pra casa. Então, eu perguntava pra ele se ele queria pegar o ônibus ou comer uma melancia e voltar andando. Ele escolhia a melancia!

🅛 Ele vinha comendo a fatia de melancia no caminho pra casa. Quando ele chegava aqui, parecia que alguém tinha batido na cara dele, porque ficava tudo sujo de vermelho. O rosto todo melado e a camisa toda molhada! Porque ele não tinha nem paciência de esperar chegar em casa pra gente cortar a melancia pra ele, ele queria vir comendo no caminho. E até hoje é igual.

Tem alguma escolha que vocês fizeram pra carreira dele que consideram fundamental pro rumo que as coisas tomaram e que serviria de conselho pra alguém que está pensando em tentar a vida no futebol?

🅥 Acho que o essencial para a criança evoluir é os pais estarem junto com ela. E para ela também é importante estar junto com os pais. Isso é uma coisa da qual a gente nunca abriu mão. Do começo até hoje, onde ele for, a gente vai. Fomos pra Itália, fomos pro Rio de Janeiro... Agora é que a gente voltou pra cá para não tirar a liberdade dele, mas a gente sempre vai e fica um pouco lá também. E não desistir. O Gabriel teve muita dificuldade na vida, mas nunca desistiu.

🅛 O esporte é dificuldade. Não estou falando só da nossa questão financeira, mas é porque sente muita dor, se machuca, tem muitas pessoas interesseiras por perto, então tem que ter muita cabeça e vontade de vencer, porque não é fácil.

ENTREVISTA

Além de irmã do Gabigol, Dhiovanna é uma grande amiga do craque. Os dois têm uma ligação muito forte e estão sempre se falando. Tanto que Dhiovanna planeja trabalhar com a equipe do camisa 9 para manter a proximidade. Confira a entrevista com ela.

Você ainda era muito nova quando Gabriel começou a fazer sucesso jogando profissionalmente pelo Santos. Tem memórias dessa época, da casa em São Bernardo e a mudança de vida da sua família?

D Eu lembro de pouca coisa de São Bernardo, porque eu era muito nova. Me mudei para Santos quando tinha 2 anos. O que eu lembro é da gente indo ver os jogos, de madrugada, na frente da Vila, esperando o ônibus chegar, todo mundo indo atrás dele na cidade... Lembro também dessa dificuldade e dessa garra dos meus pais de sempre estarem acompanhando ele. Nossa vida mudou muito, sim, com a fama e a visibilidade do Gabriel, mas a gente sempre foi muito unido e nunca deixou nada afetar nossa família.

Você tem vontade de trabalhar com o Gabriel? Conta um pouco sobre isso.

D Tenho muita vontade de trabalhar com o Gabriel, sim. Obviamente, eu procuro traçar o meu caminho. Nunca deixarei de ser irmã dele, mas quero ter o meu nome também. Eu pretendo trabalhar com ele na parte de marketing, que é uma coisa que sempre gostei e eu gostaria de fazer com ele, para manter uma proximidade maior.

Até o ano passado todos vocês moravam juntos e acompanhavam o Gabriel para onde ele fosse. Qual foi para vocês o lugar de adaptação mais difícil? Você voltaria a morar em um desses lugares?

A mudança mais difícil, acho que para todos nós, foi Milão, porque foi a primeira vez que a gente encarou uma mudança tão grande. Outro país, outro idioma... foi tudo bem diferente. Eu não tinha tantos amigos também, então foi uma mudança bem radical. Hoje em dia, eu já criei amigos na cidade, aprendi o idioma e até voltaria a morar lá. É uma cidade que eu gosto, em um país pelo qual acabei pegando carinho também. Mas hoje eu me sinto muito bem em Santos, porque eu tenho amigos e raízes aqui. Eu e meus pais sempre fazemos bate-volta para visitar o Gabriel também, independentemente de onde ele esteja.

Você tem uma vida bem ativa nas redes sociais. Quando você se deu conta de que tinha se tornado uma *influencer*?

Quando eu comecei a ver que as coisas que eu gravava — porque eu sempre fui muito espontânea — começaram a dar certo. Eu sempre mostrava a rotina que eu tinha, indo aos jogos, enfim, com essa vida ao lado do meu irmão, mas eu comecei a ver que, quando eu mostrava um lado mais pessoal meu, também interessava os outros.

Então, acabei mostrando mais, me envolvendo nesse lado e acabou dando certo, graças a Deus. Tem muita gente que gosta de me acompanhar, não só pelo Gabriel em si, mas pelo que eu sou e o que eu mostro.

Você sente um carinho especial vindo também do público infantil, que tanto gosta do seu irmão?

D Esse não é exatamente o meu público, mas tem muitos que me chamam para mostrar desenhos, para mandar fotos que já tiraram com o Gabriel. Então, é um meio também de mostrar para ele. E eu gosto muito de manter ele ciente das pessoas que ele atinge, as coisas que ele fala, é um modo de me conectar com os outros também. Eu acho um amor lindo, um amor surreal, meu irmão é apaixonado por criança, então, ver esse amor que as crianças têm por ele é algo sensacional!

O Gabriel gosta de consultar você sobre as escolhas que ele faz na carreira dele?

D Esse lado de trabalho eu deixo mais para os meus pais, porque eu sou irmã mais nova e acho que isso é coisa mais séria para eles resolverem. Obviamente que eu sempre tô do lado do meu irmão, sempre aconselho ele a tomar a decisão que ele quer.

E ele também dá muitas dicas sobre a sua carreira?

D O Gabriel sempre me incentiva muito. Tanto que a faculdade de fotografia foi ele que me incentivou a fazer. E ele me ajudou bastante no início, no Rio de Janeiro. Ele opina muito sobre minha carreira, sim. Acompanha tudo, está sempre presente. E eu sei que é só pro meu cuidado.

Seus pais disseram que você é mais ciumenta com o seu irmão do que ele com você. É verdade?

D Eu, antigamente, era bem mais ciumenta. Por eu ser irmã mais nova, o Gabriel também era ciumento comigo. Mas, hoje em dia, a gente tem mais idade e mais compreensão com o outro. A gente conversa mais hoje em dia. Obviamente que sempre tem aquele ciuminho, mas a gente não é de brigar, até porque, quando a gente tá junto, procura sempre fazer algo que goste.

Você acompanha futebol? Como é seu lado torcedora?

Eu assisto a todos os jogos possíveis do Gabriel. Sou aquela torcedora mais louca: por qualquer coisa eu já estou gritando e surtando!

Como foi essa história da sua festa no dia da final da Libertadores? Sofreu muito?

Esse dia já começou muito difícil porque, sempre no dia do meu aniversário, o Gabriel está longe. E, dessa vez, meu pai também tinha ido e era meu aniversário de 18 anos. Então, estava sendo um baque pra mim. Aí, quando começou o jogo, que eles fizeram aquele primeiro gol, eu comecei a pensar: "Estragou minha festa, acabou!" Mas aí vieram os dois gols e virou a melhor festa do mundo!

Você teria alguma história curiosa com o Gabriel para contar?

Tem uma história engraçada nossa que foi quando ele me deu a minha primeira câmera, quando eu tinha uns 14 anos. Ele estava sempre me incentivando a fotografar, mas meus pais não deixavam ainda eu sair sozinha pra tirar fotos. Então, como ele queria muito que eu começasse nesse ramo, eu lembro que ele juntava uma mochila cheia de roupa e saía comigo. Aí, ele, no meio da rua, trocava de roupa e a gente tirava várias fotos. Era muito divertido. A gente faz isso até hoje, obviamente que sem sair, porque ele já não pode sair como antigamente, mas em casa são vários *looks*, várias fotos diferentes.

Fotografia: Dhiovanna Barbosa

SALA DE TROFÉUS

Esta é a sala de troféus do Gabigol. Aqui há o registro de todos os prêmios coletivos e individuais conquistados pelo craque.

TÍTULOS

SANTOS
Campeonato Paulista Sub-13 (2008)
Campeonato Paulista Sub-15 (2011)
Copa Brasil Sub-15 (2011)
Torneio Internacional de COTIF Sub-20 (2014)
Campeonato Paulista (2015 e 2016)

FLAMENGO
Campeonato Carioca (2019 e 2020)
Campeonato Brasileiro (2019)
Copa Libertadores da América (2019)
Supercopa do Brasil (2020)
Recopa Sul-Americana (2020)

SELEÇÃO BRASILEIRA
Jogos Olímpicos (2016)

PRÊMIOS INDIVIDUAIS

Prêmio Bola de Prata: premiação anual organizada pelos canais ESPN
- Revelação do Ano (2015)
- Melhor Centroavante (2018 e 2019)

Prêmio Bola de Ouro (2019): prêmio anual dado pela revista Placar ao melhor jogador do Campeonato Brasileiro

Troféu Mesa Redonda: premiação anual organizada pela TV Gazeta
- Jogador Revelação (2014)
- Melhor Centroavante (2018 e 2019)

Craque do Brasileirão: premiação organizada pela CBF, em parceria com a Rede Globo
- Melhor Centroavante (2018 e 2019)

- Seleção do Campeonato Paulista (2016 e 2018)

- Seleção do Campeonato Carioca (2019 e 2020)

- Melhor Jogador do Campeonato Carioca (2020)

- Seleção da Copa Libertadores da América (2019)

- Melhor Jogador da Final da Copa Libertadores da América (2019)

Melhores do Futebol: premiação organizada anualmente pelo jornal uruguaio El País
- Melhor Jogador da América – "Rei da América" (2019)

SOLUÇÕES

10

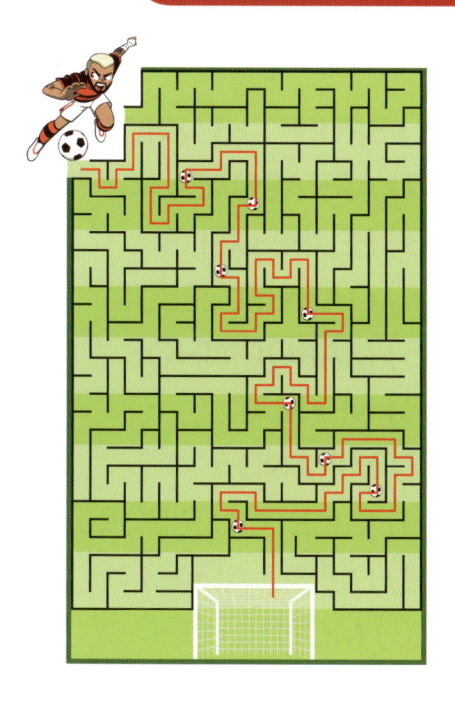

11

12

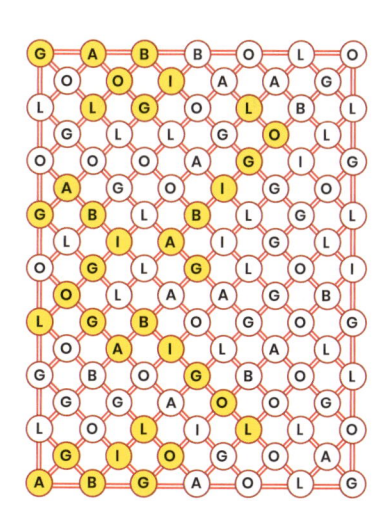

A palavra **GABIGOL** aparece **5** vezes.

13

14

15

63

SOLUÇÕES

20

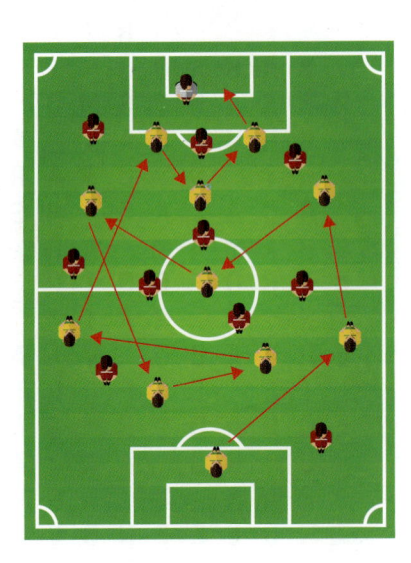

21
1) BRUNO HENRIQUE
2) ARRASCAETA
3) FELIPE MELO
4) GABRIEL JESUS
5) MARQUINHOS
6) NEYMAR
7) MIRANDA
8) EVERTON RIBEIRO
9) DIEGO ALVES
10) MONTILLO

49

(E) Legendando uma foto da equipe do Flamengo.

(C) Declaração após a eliminação de Babu Santana do Big Brother Brasil 20.

(G) Após vitória do Flamengo nas oitavas de final da Copa do Brasil 2019.

(D) Legendando foto do Gabigol com Bruno Henrique.

(A) Em resposta a um torcedor especial que vibrou com a contratação do Gabigol pelo Fla.

(F) Em resposta à matéria "Gabigol entra para a lista dos 50 maiores artilheiros do Flamengo".

(B) Imitando uma reclamação feita pelo técnico Jorge Jesus em uma entrevista coletiva.

50

A		I		B		C		L		B
R	A	D	A	R		A	C	E	S	O
A	T	L	E	T	I	C	O	W	E	B
	I	I	I		N	A	S	C	I	D	O
	G		A	B	C	D		A	S	A
H	O	T		R	O	E	R	H		G
	S	R	T	A		L	O	T	A	D	O
A	D	E	U	S		A	N	I	M	A	L
	E	S	P	I	Ã		C		I	M	E
	F		I	L		M	O	E	L	A
B	I	S		I	D	O		S	T		G
	N	A	S	A		S	A	C	O	L	A
V	I	L	A		C	A	R	O	N	A	S
	D		Q	U		I		L		R	T
C	O	M	U	N	I	C	A	T	I	V	O
	S	E	E		J	O	G	A	D	A	S

51

C	A	G	L	I	A	R	I
C	O	L	O	M	B	I	A
M	E	D	A	L	H	A	S
S	E	G	U	I	D	O	R
A	T	H	L	E	T	E	S
C	H	A	P	O	L	I	N
F	R	A	T	U	R	A	R
P	R	I	M	E	I	R	O
W	I	L	L	I	A	M	S
C	A	B	E	C	E	A	R
E	U	R	O	P	E	U	S
N	A	R	R	A	D	O	R
T	O	R	C	I	D	A	S
N	A	D	A	D	O	R	A
G	U	I	T	A	R	R	A
F	A	M	I	L	I	A	S

64